新时代高校劳动教育研究系列丛书

Research on the Development of China's
Labor Education and Era Innovation

劳动教育发展与时代创新研究

王晓磊 著

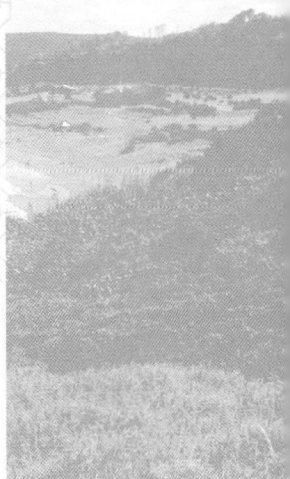

东北财经大学出版社
Dongbei University of Finance & Economics Press

大连

图书在版编目（CIP）数据

劳动教育发展与时代创新研究 / 王晓磊著. —大连：东北财经大学出版社，2024.4

（新时代高校劳动教育研究系列丛书）

ISBN 978-7-5654-5064-8

Ⅰ.劳…　Ⅱ.王…　Ⅲ.劳动教育-教学研究-高等学校　Ⅳ.G40-015

中国国家版本馆CIP数据核字（2023）第255790号

东北财经大学出版社出版

（大连市黑石礁尖山街217号　邮政编码　116025）

网　　址：http://www.dufep.cn

读者信箱：dufep@dufe.edu.cn

大连永盛印业有限公司印刷　　东北财经大学出版社发行

幅面尺寸：170mm×240mm　字数：133千字　印张：8.25　插页：1

2024年4月第1版　　　　　　2024年4月第1次印刷

责任编辑：时　博　　　　　　　　责任校对：刘贤恩

封面设计：原　皓　　　　　　　　版式设计：原　皓

定价：49.00元

教学支持　售后服务　　联系电话：（0411）84710309

版权所有　侵权必究　　举报电话：（0411）84710523

如有印装质量问题，请联系营销部：（0411）84710711

作者简介

　　王晓磊，男，1992年7月出生，内蒙古通辽人，汉族，中共党员，社会学博士，硕士生导师。现任东北财经大学公共管理学院劳动教育课程组教师，负责学校劳动教育理论教学工作。主要研究领域为青年社会学、教育社会学、劳动社会学等。主持辽宁省社会科学规划基金一般项目、辽宁省教育厅青年科技人才"育苗"项目等多项省部级课题，在CSSCI期刊发表多篇学术论文。

张向达　东北财经大学公共管理学院公共政策研究中心主任
张军涛　东北财经大学公共管理学院城市与区域管理研究中心主任

秘　书

刘艳茹　东北财经大学劳动教育课程组组长

总序

　　劳动教育是中国特色社会主义教育制度的重要内容，直接决定社会主义建设者和接班人的劳动精神面貌、劳动价值取向和劳动技能水平。习近平总书记指出，"要在学生中弘扬劳动精神，教育引导学生崇尚劳动、尊重劳动，懂得劳动最光荣、劳动最崇高、劳动最伟大、劳动最美丽的道理，长大后能够辛勤劳动、诚实劳动、创造性劳动"。新时代背景下，以习近平同志为核心的党中央对劳动教育的纲领性的深刻阐释，为进一步贯彻落实党的教育方针和立德树人的根本任务，培养德智体美劳全面发展的社会主义建设者和接班人指明了方向。

　　2020年3月20日，为构建德智体美劳全面培养的教育体系，加强新时代大中小学劳动教育，中共中央、国务院印发了《关于全面加强新时代大中小学劳动教育的意见》。2020年7月7日，为深入贯彻习近平总书记关于教育的重要论述，全面贯彻党的教育方针，落实《关于全面加强新时代大中小学劳动教育的意见》，加快构建德智体美劳全面培养的教育体系，教育部组织研究制定了《大中小学劳动教育指导纲要（试行）》（以下简称《指导纲要》），《指导纲要》深刻指出，劳动是创造物质财富和精神财富的过程，是人类特有的基本社会实践活动。劳动教育是发挥劳动的育人功能，对学生进行热爱劳动、热爱劳动人民的教育活动。当前实施劳动教育的重点是在系统的文化知识学习之外，有目的、有计划地组织学生参加日常生活劳动、生产劳动和服务性劳动，让学生动手实践、出力流汗，接受锻炼、磨炼意志，培养学生正确劳动价值观和良好劳动品质。《指导纲要》强调，劳动教育是新时代党对教育的新要求，是中国特色社会主义教育制度的重要内容，是全面发展教育体系的重要组成部分，是大中小学必须开展的教育活动。

　　2021年，东北财经大学组织公共管理学院优秀师资力量成立劳动教育课程组，积极探索我国劳动教育政策与管理的历史演变、价值发掘、科技实践、劳动就业和效果评价等基本发展规律。劳动教育课程组各位老师经过多年的劳动教育理论与实践教学，积极总结新时代劳动教育的基本规律，积累了丰富的劳动教育教学实践成果，课程组各位老师的多元学科背景形成结构性优势，为"新时代高校劳动教育研究系列丛书"的编写工作奠定了较为扎实的基础。

本套丛书坚持以习近平新时代中国特色社会主义思想为指导，全面贯彻党的教育方针，落实立德树人根本任务，充分认识新时代培养社会主义建设者和接班人对加强劳动教育的新要求，突出"思政引领""数字赋能"特色，旨在运用公共管理尤其是教育政策与管理的研究范式，阐述新时代劳动教育的基本规律和创新研究成果。本套丛书的编写注重劳动教育新形态，强调对劳动的尊崇、对劳动者的尊敬、对劳动成果的尊重，从而全面提升青年大学生对劳动价值和劳动教育的认同，有利于强化立德树人理念，形成新时代高校劳动教育成果的特色底蕴。

本套丛书力图帮助学生领会劳动教育的深刻内涵，带领学生畅游劳动文化历史长河，引导学生思考科技时代劳动新形态，并进一步结合实际探讨如何构建大学生劳动教育评价体系。为体现劳动教育实践价值，强化对适应时代需求的有过硬劳动素养的专业人才培养，丛书将深入探索高校学生的就业实践能力与就业质量的关联性，打造具有高校特色的劳动教育教学研究体系。

方红星

前言

有关劳动的观念，中外早已有之，如马克思、恩格斯在剖析人类历史发展的最关键要素时便指出，"生产劳动同智育和体育相结合，它不仅是提高社会生产的一种方法，而且是造就全面发展的人的唯一方法"[①]。但将劳动纳入国家制度建设，通过教育的方式传承理念、形塑社会文化、形成大规模的国家社会运动，是新中国成立以后才有的现象。随着马克思主义中国化不断推进，中国共产党逐渐聚焦劳动教育的本土化探索。新中国成立后，劳动教育成为国家教育发展体系中不可或缺的关键一环，劳动教育围绕党的中心工作有针对性地展开，并服务于党的教育方针，既继承了马克思主义劳动教育观的精华，也在中国大地上与时俱进[②]。在2018年9月10日的全国教育大会上，习近平总书记强调，坚持中国特色社会主义教育发展道路，努力建构德智体美劳全面培养的教育体系[③]。2020年3月和7月，国家相继发布的《关于全面加强新时代大中小学劳动教育的意见》（以下简称《意见》）与《大中小学劳动教育指导纲要（试行）》（以下简称《指导纲要》）中均指出劳动教育是中国特色社会主义教育制度的重要内容，直接决定着社会主义建设者和接班人的劳动精神面貌、劳动价值取向和劳动技能水平。《意见》有几点特征极具关注性：一是在顶层设计上，打破单独制定出台文件的做法，把大中小学劳动教育作为一个整体进行设计；二是在课程设置上，强调整体优化学校课程设置，形成具有综合性、实践性、开放性、针对性的劳动教育课程体系；三是在内容上，要结合产业新业态、劳动新形态，注重选择新型服务性劳动的内容以紧跟经济社会发展的新变化。由此可以看出，劳动教育不仅是马克思主义教育观的重要内容，同时也是中国特色社会主义教育制度的焦点对象，在

---

① 马克思，恩格斯. 马克思恩格斯选集：第1卷［M］. 中共中央马克思恩格斯列宁斯大林著作编译局，译. 北京：人民出版社，2012：178.
② 王明钦，刘英钦. 新中国成立后中国共产党劳动教育思想的脉络梳理与体系建构［J］. 河南大学学报（社会科学版），2021（5）：136-143.
③ 习近平. 坚持中国特色社会主义教育发展道路 培养德智体美劳全面发展的社会主义建设者和接班人［N］. 人民日报，2018-09-11（1）.

我国教育体系中处于基础性与全局性的地位①。新中国成立后，劳动教育的建设实践随着不同时期的社会发展呈现出多重特点，从劳动教育的价值取向到劳动教育的指导方针再到劳动教育的现实努力，无一不体现出各时期社会发展的需要。

新中国成立初期的劳动教育，对实现社会主义工业化、对农业实行社会主义改造意义重大，生动地诠释了劳动是人的存在方式与社会发展的重要基础。劳动成为社会主义制度下的人们进入社会的方式和变成社会主义共同体一部分的途径。但是20世纪五六十年代末过分强调体力劳动的颠覆性作用，导致劳动教育片面强调实践性，进而否认了专业知识的重要性。"知识青年上山下乡""接受贫下中农再教育""广阔天地大有作为"的号召坚定了广大青年到农村进行劳动实践的理想信念，高校也优先招收"工农兵学员"。

改革开放以后，我国从总体上认识到从事脑力劳动的人也是劳动者，破除了将劳动等同于体力劳动的偏见，还原了劳动的本义。党和国家陆续恢复了"文化大革命"中被破坏的学校秩序，恢复高考制度，开展了一系列正确促进劳动与教育相结合的方略。20世纪80年代初，经济发展对技术的渴求，使得职业技术教育②和劳动实践等不断地补充进劳动教育的内涵中，大力发展职业技术教育被纳入教育体制改革，成为劳动教学结合的重要方式。随着时代的进步，复杂劳动逐渐取代简单劳动，一方面，由于社会生活各领域与经济密切程度的不一致以及发展的不均衡，出现了争议颇大的"脑体倒挂"现象，片面强调分配平等，而忽略实质平等。另一方面，按劳分配与按要素分配的张力呈现，财富和资本无论对于社会生活还是对于人性的支配，都在急剧地增强。劳动教育作用有限的讨论引发关注。为此，党和国家在劳动教育中坚持以"科技是第一生产力"为指导，注重社会发展对各种劳动的需求，始终坚持将"为社会主义建设培养人才"作为劳动教育的育人使命。

习近平新时代中国特色社会主义思想对劳动教育的发展作出了卓越贡献。首先体现在劳动实践观上，从恩格斯的"劳动创造了人本身"③到习近平总书记强

①　李欢. 新中国成立初期学校劳动教育的实践探索与经验启示［J］. 兰州学刊，2022（4）：36-46.
②　20世纪80年代到90年代初，"职业教育"和"职业技术教育"这两个概念经常通用。1985年发布的《中共中央关于教育体制改革的决定》、1991年发布的《国务院关于大力发展职业技术教育的决定》、1993年发布的《中国教育发展和改革纲要》均使用"职业技术教育"这一概念。后来经过一番争论，"职业教育"论者占了"上风"，国家法律文件中使用了"职业教育"这一概念。20世纪90年代中期之后，高层会议、文件一般都使用"职业教育"这一概念。
③　恩格斯. 自然辩证法［M］. 中共中央马克思恩格斯列宁斯大林著作编译局，译. 北京：人民出版社，2015：134.

调的"劳动是人类的本质活动"①，既是对唯物史观劳动思想的继承与发展，也是在新时代中国特色社会主义伟大事业中的生动体现。从这个意义上讲，基于习近平新时代中国特色社会主义思想的劳动教育理论是对马克思主义劳动哲学的继承和发展，是马克思主义中国化的最新成果，是新时代中国特色社会主义理论体系的重要组成部分。"我们所处的时代是催人奋进的伟大时代，我们进行的事业是前无古人的伟大事业，我们正在从事的中国特色社会主义事业是全体人民的共同事业"②"全面建成小康社会，进而建成富强、民主、文明、和谐的社会主义现代化国家，根本上靠劳动、靠劳动者创造"，这些论述既彰显了一个基本观点，即"社会主义是干出来的"③，也充分体现了马克思主义实践思想，同时也揭示了梦想与现实的辩证关系，只有在劳动实践中，人们的愿望才有可能变成现实。习近平总书记指出，要"坚持实干兴邦，始终坚持和发展中国特色社会主义"④。只有在全社会牢固树立崇尚劳动、劳动光荣的"实干"精神，才能实现"兴邦"的伟大梦想。基于习近平新时代中国特色社会主义思想的劳动教育理论夯实了全民族"实干兴邦"的劳动实践观，鼓励以辛勤劳动、诚实劳动、创造性劳动成就伟大梦想。

其次体现在劳动发展观上，从马克思的"劳动是人和人类社会存在和发展的基础"到习近平总书记的"劳动开创未来"⑤，进一步揭示了劳动与社会发展的本质联系。所以，全面建成小康社会、建成富强民主文明和谐美丽的社会主义现代化强国、实现中华民族伟大复兴，根本上需要依靠劳动，依靠劳动者。习近平总书记强调，"要坚持社会公平正义，排除阻碍劳动者参与发展、分享发展成果的障碍，努力让劳动者实现体面劳动、全面发展"⑥，这充分彰显了基于习近平新时代中国特色社会主义思想的劳动教育以人民为中心的本质特征，高扬了人的主体性；劳动是通向未来的必经之路，只有脚踏实地地劳动，才能描绘出更加绚

　　① 习近平. 在庆祝"五一"国际劳动节暨表彰全国劳动模范和先进工作者大会上的讲话［N］. 人民日报，2015-04-29（2）.
　　② 人民日报社论. 在新征程上铸就新的历史伟业——写在"五一"国际劳动节［EB/OL］.（2021-04-30）［2023-08-12］. https：//www.gov.cn/xinwen/2021-04/30/content_5604258.htm.
　　③ 2016年7月19日，在宁夏视察的习近平总书记来到宁东能源化工基地，并即兴发表讲话："社会主义是干出来的，我向为社会主义大厦添砖加瓦的所有建设者、劳动者表示敬意。民族复兴事业前途光明，全面建成小康社会胜利在望，我们要埋头苦干、真抓实干，不断取得一个个丰硕成果。"
　　④ 习近平. 决胜全面建成小康社会 夺取新时代中国特色社会主义伟大胜利——在中国共产党第十九次全国代表大会上的报告［EB/OL］.（2017-10-27）［2023-08-12］. http：//www.moe.gov.cn/jyb_xwfb/xw_zt/moe_357/jyzt_2017nztzl/2017_zt11/17zt11_yw/201710/t20171031_317898.html？eqid=9d68f6bb0001db430000000 0464366b53.
　　⑤ 习近平. 在同全国劳动模范代表座谈时的讲话［N］. 人民日报，2013-04-29（2）.
　　⑥ 习近平. 在同全国劳动模范代表座谈时的讲话［N］. 人民日报，2013-04-29（2）.

丽多彩的美好未来，从而实现中华民族的伟大复兴。

最后体现在劳动价值观上，习近平总书记在多个场合、多次讲话中阐述了劳动态度、劳动模范、劳模精神在中国特色社会主义事业中的重要作用，号召全社会始终弘扬劳模精神、劳动精神、工匠精神，为中国经济社会发展汇聚强大正能量，为实现伟大中国梦提供"崇尚劳动"的价值引领。从国家层面看，弘扬劳模精神、劳动精神，可以为实现中华民族伟大复兴的中国梦注入强大的精神动力；从社会层面看，弘扬劳动精神和工匠精神有利于在全社会营造"崇尚劳动"的浓厚氛围和精益求精的敬业风气，为中国特色社会主义事业汇聚强大正能量；从个人层面看，榜样的力量是无穷的，劳模精神可以感染并引领广大劳动者勤奋做事、勤勉为人、勤劳致富，始终做到培育践行社会主义核心价值观。

综上，本书充分借鉴现有研究成果，对新中国成立以来我国劳动教育的发展历程进行系统梳理，回顾党和国家以各个时期的时代主题为核心，探索符合中国社会发展的劳动教育模式和规律，服务政治经济发展。本书基于教育政策与管理的学科视角，以新中国成立以来相关教育政策中的重大转向作为关键依据和参照标准，将劳动教育发展进程细致划分为新民主主义向社会主义过渡时期（1949—1956年）的劳动教育、社会主义建设探索时期（1957—1977年）的劳动教育、改革开放时期（1978—1999年）的劳动教育、全面建设小康社会时期（2000—2011年）的劳动教育以及中国特色社会主义新时代（2012年至今）对劳动教育的新拓展五大阶段，回顾、总结并检视劳动教育在各阶段的理念定位与实践形态，以期为我国今后劳动教育的整体发展提供历史借鉴和智慧，同时以"辽宁省首批劳动教育示范学校"建设单位——东北财经大学的劳动教育创新发展实践为例，进一步明确新时代高校劳动教育何以可为与何以为之。

王晓磊

2023 年 11 月

·目 录·

❶ 第1章　新民主主义向社会主义过渡时期（1949—1956年）的
　　　　劳动教育 / 1

1.1　规范劳动教育发展方向 / 1

1.2　劳动教育发展出现偏差 / 6

1.3　对劳动教育的纠偏工作 / 9

❷ 第2章　社会主义建设探索时期（1957—1977年）的劳动
　　　　教育 / 13

2.1　劳动教育作为阶级斗争的工具 / 14

2.2　劳动教育作为解决教育经费问题的手段 / 17

2.3　劳动教育纳入学校教育的课程体系 / 20

❸ 第3章　改革开放时期（1978—1999年）的劳动教育 / 24

3.1　努力为脑力劳动正名 / 24

3.2　教育与劳动相结合在社会主义建设中的实践 / 28

3.3　劳动教育成为全面发展教育的组成部分 / 38

❹ 第4章　全面建设小康社会时期（2000—2011年）的劳动
　　　　教育 / 43

4.1　以"四个尊重"为主体丰富劳动教育发展内涵 / 43

4.2　综合育人理念下推进教育改革与发展 / 49

4.3　全面建设小康社会时期劳动教育的开展模式 / 53

❺　第5章　中国特色社会主义新时代（2012年至今）对劳动
　　　　教育的新拓展 / 57

　　5.1　以价值引领确定新时代劳动教育思想方向 / 57

　　5.2　以制度建设明确新时代劳动教育制度规范 / 64

　　5.3　以长效机制永葆新时代劳动教育发展活力 / 68

❻　第6章　新时代高校劳动教育的创新发展路径研究
　　　　——以东北财经大学的劳动教育探索为例 / 76

　　6.1　新时代高校劳动教育发展的理论含义、创新意蕴及实践要旨 / 76

　　6.2　新时代高校劳动教育课程体系建设研究 / 80

　　6.3　新时代高校劳动教育实践基地建设研究 / 91

　　6.4　新时代高校劳动教育探索中的地域文化融合实践研究 / 100

参考文献 / 108

索引 / 118

后记 / 119

第 1 章

新民主主义向社会主义过渡时期
（1949—1956年）的劳动教育

劳动教育是培养劳动技能和职业道德的教育形式，有助于社会主义建设和发展。通过劳动教育，人们可以学习实践技能、掌握劳动规律，培养正确的劳动态度和职业道德，这对于社会主义建设非常重要。然而，新中国在新民主主义向社会主义过渡期间的劳动教育出现了一些偏差，未重视劳动教育在实践过程中的推行，产生了一系列问题，因此在向社会主义过渡的后期，我国及时进行了劳动教育的纠偏工作，出台了多项政策，重新审视劳动教育目标，并反复强调劳动教育与实践不可分割，应着重突出劳动教育的思想政治功能，消除对体力劳动的偏见，加强宣传教育工作。同时，中国共产党坚持推进马克思主义劳动观的中国化，并不断根据国情进行调整，顺利推进劳动教育工作。

1.1 规范劳动教育发展方向

新中国成立初期，毛泽东强调改造旧教育要以老解放区新教育的经验为基础，吸收旧教育的精华，同时借鉴苏联经验。老解放区的教育经验与苏联有相似之处，即都重视教育与生产劳动相结合。1949年至1950年，我国明确劳动教育的目标是为生产建设服务。因此，党中央在教育工作会议上提出了明确要求，出台了一系列政策文件，规范了新中国劳动教育的发展方向。

1.1.1 颁布政策文件以加强顶层设计

1949年颁布的《中国人民政治协商会议共同纲领》（以下简称《共同纲领》）中规定"提倡爱祖国、爱人民、爱劳动、爱科学、爱护公共财物为中华人民共和国全体国民的公德"[①]。《共同纲领》明确了工人阶级的地位，建立了工

---

① 中共中央文献研究室. 建国以来重要文献选编：第一册 [M]. 北京：中央文献出版社，1997：11.

农联盟并将其置于重要层面，这决定了我国进行人才培养工作时必须保证要同工人和农民紧密联系。1949年12月，全国教育大会召开，明确提出教育要服务于国家建设，要为国家发展做贡献，学校也应为工人和农民提供更多的机会。

在此期间，我国吸收苏联的教育经验，并根据当时政治经济发展情况，明确提出此时的劳动教育必须服务于生产建设，建立一个与社会主义建设相适应的教育体系。时任教育部副部长的钱俊瑞在1950年发表的《当前教育建设的方针》中明确地提出"为工农服务，为生产建设服务，这就是当前实行新民主主义教育的中心方针"①，要通过劳动教育激发人民的创造热情，组织人民进行劳动生产，在劳动中提高自己。同年，《中学暂行教学计划（草案）》公布，提出"生产劳动应有计划地配合正课进行"②，加深了劳动教育服务于生产和建设的观点。钱俊瑞在《改革旧教育，建设新教育》的报告中进一步提出，要把教育和生产相结合，学校应加强科学技术的教育，把科技教育放在最重要的地位③。通过明确劳动教育的方向为"教育与生产结合"，对劳动教育进一步规范，符合当时中国的基本国情和社会经济发展的需要，有利于解决新中国教育遇到的一系列问题，为当时劳动教育政策的制定打下了坚实基础。

表1-1是此时期统一发布的劳动教育政策文件。1950年的中国经济低迷，因此当时的教育更侧重整体教育。1951年后，随着社会经济的发展，国家开始探讨对高中、初中学生的劳动教育问题，并给出了相应的解决办法。

1950年，全国工农教育会议召开，提出降低农村文盲率是接下来的重点工作，工农教育必须从识字教育入手。新中国成立初期的全国文盲率高达80%，在农村地区文盲率更是高达95%，这严重影响我国从农业大国转向工业大国的进程，所以开展扫盲工作是生产建设中的重要一步④。钱俊瑞提出把劳动教育摆在社会主义建设的突出位置，如果大多数民众不能很好地识字、用字，那么在生产建设方面将会遇到许多困难⑤。这个时候颁布的劳动教育政策以降低全国的文盲率，提高生产建设效率为主。政策的颁布使得劳动教育与工农生产相结合，不仅

① 李磊，路丙辉. 变与不变：学校劳动教育的发展路向——基于中国式现代化奋进历程的分析[J]. 昆明理工大学学报（社会科学版），2023（4）：119-125.
② 彭泽平，李钰涵. "传统"的初建——新中国成立初期中小学体育课程改革的历史考察[J]. 成都体育学院学报，2020（5）：82-88；95.
③ 刘超. 创建"新教育"的战略与策略——共和国初期高等教育变革的历史进路[J]. 清华大学教育研究，2019（6）：55-63.
④ 陈思杭. 教育促进共同富裕：逻辑转向、范式创新与路径选择[J]. 教育理论与实践，2023（25）：9-15.
⑤ 钱俊瑞. 当前教育建设的方针[J]. 苏南教育通讯，1950（8）：3-7.

为工农业发展提供了高水平的劳动者，而且对于推动我国从农业国向工业国的转型起到巨大作用。

表1-1　　　　　　　1949—1956年发布的劳动教育政策文件

出台时间	文件名称
1950年	《改革旧教育，建设新教育》
1950年	《当前教育建设的方针》
1950年	《中学暂行教学计划（草案）》
1950年	《小学课程暂行标准初稿》
1951年	《关于高小和初中毕业生从事劳动生产的宣传提纲》
1952年	《"四二"旧制小学暂行教学计划》
1952年	《小学暂行规程（草案）》
1954年	《关于解决高小和初中毕业生从事生产劳动问题的请示报告》
1954年	《关于改进和发展中学教育的指示》
1954年	《关于高小和初中毕业生从事生产劳动宣传提纲》
1955年	《小学教学计划》
1955年	《关于小学课外活动的规定》
1956年	《关于1956—1957学年度中小学实施基本生产技术教育的通知》
1956年	《关于普通学校实施基本生产技术教育的指示（草案）》

强化顶层设计，利用政策辅助，从国家层面提高对劳动教育的重视并展开具体的规划，可以规范劳动教育有序发展。这既是时代进步的需要，又是重新树立社会观念，形成良好社会风尚的好时机，体现了我国在劳动教育方面作出的努力。

1.1.2　协调劳动与教育以促进劳教平衡

在实施劳动教育的过程中，要处理好劳动与教育之间的关系，避免出现偏向某一方面的现象。新中国早期的劳动教育，主要从两方面入手：一是树立正确的劳动观，强调正确劳动观念对个人乃至国家的重要性；二是具体的生产实践，实践有利于培养学生的劳动意识，提高实践操作技能，培养正确的职业观念和价值观。

　　首先，从观念上看，各级领导和有关部门对生产劳动的重视程度已经达到了一个新的高度。1954年，时任中央文化教育委员会副主任的习仲勋指出："社会主义与劳动是分不开的。"①这清楚地表明，社会主义是以劳动为主要特征的。其次，强调民众必须参加生产性实践活动。《人民教育》自1952年起，就开始以劳动教育为宣传的主要方面，报道了东北高专学生在生产实践中的一系列心得体会。1953年，全国各高校陆续组织大学生到全国各地参加实践活动，各级政府也开始调动大学生参加工业和农业生产的积极性，鼓励其参与生产实践。1955年年底，毛泽东提出"农村是一个广阔的天地，在那里是可以大有作为的"②，表明党和国家高层领导对学生参加生产劳动的重视程度再上一个台阶，这也是基于当时的中国国情对劳动教育政策的调整，是我国大力推进劳动教育的一种表现。在1954年的《关于解决高小和初中毕业生学习与从事生产劳动问题的请示报告》中，提出了在培养高学历大学生的同时，也要鼓励其多参与社会生产劳动③。1955年，教育部在《关于初中和高小毕业生从事生产劳动的宣传教育工作报告》中提出了"鼓励学生参与生产，调动他们为社会主义服务"的口号④。可以看出这一时期的劳动教育政策的颁布主要在为生产建设服务，劳动教育作为恢复国民经济的重要工具逐渐被重视。

1.1.3　突出劳动教育在思想政治层面的内涵

　　新中国成立初期的劳动教育担负着思想革命与生产建设的双重重任。但由于这两个任务之间并没有直接的联系，为建立思想与生产之间的桥梁，需从思想政治教育入手，在进行劳动教育时充分发挥思想政治的重要作用，从思想和社会舆论出发，借助学校、家庭、社会等，多层面、多渠道地进行宣传工作，劝导学生克服轻视劳动的不良思想，培养其热爱劳动的良好品质。

　　一方面，鼓励学生认识到生产劳动的重要性。通过教师讲解我国经济困难的现状，指出生产劳动在我国社会经济发展中的重要作用，以及劳动人民在社会中将有美好未来，从而帮助学生塑造良好的生产劳动观，正确认识劳动教育，体会

---

① 何东昌. 中华人民共和国重要教育文献（1949—1975）[M]. 海口：海南出版社，1998：286.
② 毛泽东. 毛泽东文集：第6卷 [M]. 北京：人民出版社，1999：462.
③ 中央教育部党组. 关于解决高小和初中毕业生学习与从事生产劳动问题的请示报告 [J]. 党内通讯，1954（168）：6-12.
④ 党印，刘丽红，张诺. 教育与生产劳动相结合：理论溯源、历史演进与现实方向 [J]. 中国劳动关系学院学报，2022（2）：8-18.

劳动的价值；另一方面，在社会舆论上，利用杂志、报纸等媒介营造重视劳动的社会氛围，通过对劳动教育的宣传，普及劳动教育相关知识，让广大人民群众对劳动教育的基本内容有一个完整的认识。例如，宣传杂志上发表大量有关劳动和教育的文章以及读者来信，目的是纠正学生的错误观念和社会不良风气，从而对劳动产生正确的认识。

1.1.4 形成独立完善的劳动教育课程体系

课程体系的完善是一个渐进的过程，在这个过程中，国家对劳动教育发展存在的问题进行了深度剖析，也明确了劳动教育课程是国家教育体系中不可缺少的一环。劳动教育可以对现有课程进行补充、完善，有针对性地设计课程，执行教学课时和生产实习安排，有利于引导学生形成对生产劳动的正确认识。

1951年，国家对学生的劳动时间进行了明确规定，以一小时至一个半小时为原则[1]。1954年，政务院《关于改进中等专业教育的决定》中规定，中等专业学校要提高对生产教学的重视工作[2]，并对具体时间、劳动场所等方面进行了规定。但在1955年之前，劳动教育的相关课程并没有列入中小学的教学计划[3]。从1955年9月开始，《小学教学计划》中增加了手工劳动课[4]，这种情况才有所改变。自此之后，关于劳动教育的相关课程便出现在中小学教育体系中。

综上所述，新中国成立初期的劳动教育，是我国面对复杂的国外形势和严峻的国内现状而进行的积极改变，我国在这一时期对劳动教育的工作重点进行了适当的调整、改进和规范，时至今日，对新时代的劳动教育仍有重要的参考意义。一方面，要巩固马克思主义劳动观，确立正确的劳动教育导向。这是开展劳动教育的基本条件，即必须坚持马克思主义劳动观，同时把握其正确发展方向，规范其发展轨道。另一方面，坚持党在劳动教育工作中的绝对领导地位。中国共产党回归初心，给予了劳动教育应有的重视，体现了我国"以工人阶级为领导，以工农联盟为基础"的重大国策。所以，党的绝对领导是中华民族实现伟大事业和取得伟大成就的根本动力，也是因为中国共产党的绝对领导，才使得劳动教育不断进步，从而使它与国家的发展战略相一致，进而为我国的社会主义建设培养了大

---

① 政务院. 关于改善各级学校学生健康状况的决定［J］. 新华月报，1951（1-6）：1149-1150.
② 政务院. 关于改进中等专业教育的决定［J］. 人民教育，1954（11）：65-66.
③ 郝志军，王艺蓉. 70年来我国中小学劳动教育政策的反思与改进建议［J］. 西北师大学报（社会科学版），2020（3）：124-130.
④ 艾兴，李佳. 新中国中小学劳动教育课程设置：演变、特征与趋势［J］. 教育科学研究，2020（1）：18-24.

量人才。

1.2 劳动教育发展出现偏差

在从新民主主义向社会主义过渡时期，我国的劳动教育发展路径出现了偏差。新中国成立初期，广大青少年迫切希望学习到科学知识，所以在学校刚刚恢复上课后便牢牢抓住智育不放。其实，造成对劳动教育路径偏差的主客观原因很多，但主要根源是指导思想问题，这主要表现在引入苏联教育模式时未结合当时的国情，在落实教育同生产劳动相结合时出现偏离，进而引发了学生群体课业繁重、轻视劳动等问题。由于当时中国对马列主义教育同生产劳动相结合的理论缺乏认真系统的学习和正确深入的理解，因此对其动向不能及时把握，一旦出现各种偏差，无法及时给予应有的重视。

1.2.1 全面引入苏联劳动教育理论的弊端

第二次世界大战后，世界格局发生转变，以美、苏为首的两大阵营进入对峙局面。1949年6月，毛泽东发表《论人民民主专政》，文中提到，孙中山四十多年的经验和中国共产党二十八年的经验，都告诉我们，要取得胜利、巩固胜利，必须实行一边倒，资本主义还是社会主义，必须从中作出选择，没有例外。我们反对倒向帝国主义一边的蒋介石反动派，也反对第三条道路的幻想[①]，因此新中国成立后即确立了"一边倒"的外交战略。1949年10月5日，刘少奇在中苏友好协会总会成立大会上强调，中国必须以俄为师，学习苏联人民的建国经验[②]。我国的教育部门在学习苏联经验方面始终走在前列。

钱俊瑞在第一次全国教育工作会议上强调，尤其要借助苏联教育建设的先进经验，来建设我国的教育[③]。为了使中国教育工作者迅速掌握苏联教育理论，我国教育部门邀请苏联教育专家到高等师范院校讲授苏联教育学和教育理论。"从1950年到1952年，在高等学校工作的苏联专家共为我国培养了研究生2 000余人，培养青年教师近2 000余人，苏联专家亲自讲过的课程约有700种，帮助中国教师讲授的课程有400余种，已编出和正在编写的教材共有600余种，此外还协同我国教师建立了实验室、资料室、实习工厂700余个"[④]。

① 毛泽东. 毛泽东选集：第4卷 [M]. 北京：人民出版社，1991：1472-1773.
② 金铁宽. 中华人民共和国教育大事记：第1卷 [M]. 济南：山东教育出版社，1995：4.
③ 杨慷慨. 中国共产党发展职业教育的百年考察与未来展望 [J]. 教育与职业，2021 (16)：5-12.
④ 张健. 学习苏联经验的成绩不是主要的吗? [J]. 人民教育，1957 (7)：18-24.

从新民主主义到社会主义的转型期，我国对苏联的教育思想进行了全方位的引进，并大力倡导"劳动创造世界"等观点，劳动教育的理论和实践也是以苏联的模式作为参考，目的就是让人民参与到工农业生产建设中去，从而培养出具有共产主义精神的劳动者，使人民对劳动的重要性有更加深刻的认识，建立起正确的劳动观念，养成良好的道德习惯，最终推动我国政治和经济建设事业的良性发展。

然而，我国在引进苏联教育理念的过程中，出现了偏差，过于相信苏联的教育方式，在模仿时忽略了它自身的各种缺陷，比如，苏联的教育模式与当时社会现实脱节、教育和劳动被严重分割等[①]。同时，在教育与生产劳动相结合的过程中，新中国对"结合"二字的理解不够全面，片面地认为只抓一个方面教育可以发展得更快一些，造成了劳动教育的偏差，主要表现为推行"智育第一"。当时"智育就是质量""分数就是成绩"的论调传播广泛，形成一种恶性发展态势，学校走向了重视分数、片面追求升学率的错误方向，这就造成了教育与生产的严重脱节，并最终使得人才质量不尽如人意。很显然，在实施劳动教育时，我国忽略了苏联模式的缺陷，也没有考虑到国家的具体发展和实际情况，导致在实行劳动教育时无法达到预期的效果。

马克思指出，"从工厂制度中萌发出了未来的教育幼芽，未来教育对所有满一定年龄的儿童来说，就是生产劳动同智育和体育相结合，它不仅是提高社会生产的一种方法，而且是造就全面发展的新人的唯一方法"[②]。不难看出，马克思认为未来社会主义和共产主义教育就是生产劳动同智育体育相结合的教育，只有二者结合，才能在实现提高社会生产的同时培养出优秀的人才。因此，不能一味地借鉴苏联的劳动教育方式，一味地强调理论知识，而忽视实践教学，必须对国情进行全面分析，理论联系实际，用实践来检验我们的科学理论。因此，在向社会主义转型的末期，我国劳动教育方针从苏联模式向重视劳动和实践转变，同时强调理论联系实际。

1.2.2　学生课业繁重难以平衡学业与劳动

从前述的全面引入苏联教育模式所产生的问题，可以总结出两方面的消极影响，即经验主义和教条主义。由于向苏联的学习逐渐偏离轨道，演变成了"照搬

---

① 刘世峰. 中国教劳结合研究［M］. 北京：教育科学出版社，1996：351.
② 马克思. 资本论：第1卷［M］. 中共中央马克思恩格斯列宁斯大林著作编译局，译. 北京：人民出版社，2004：556-557.

苏联"，导致当时国内经验主义、教条主义盛行。其中，教学计划和教学内容也是以苏联十年制模式为基础，尽管毛泽东在《论十大关系》中提出"学习苏联是很重要的，但决不能一概照搬"，周恩来在一届人大四次会议上强调"学习苏联经验的时候同我国实际情况结合不够，这些缺点今后应该改正"①，但是我国教育界经验主义、教条主义盛行的风气仍没有得到完全的遏制。

首先，苏联教育过于重视系统化的知识，强调学科之间的联系和系统性，学生们学习时的压力非常大。在课余时间里，无法处于放松状态，作为课外活动的劳动教育没有得到应有的重视，导致劳动教育在实践中具有边缘化和非系统性的现实特点，严重影响甚至阻碍了我国教育事业的发展。

其次，学生课业繁重，忽视了学生个性，使得劳动教育没有完全落实。苏联模式包含很多内容，如繁重的教学计划和教学大纲、复杂的教材内容等。而且苏联教材本身更注重理论知识的传授，却不注重指导学生建立理解相关概念的能力。再加上苏联的教学模式强调统一性，教师必须按课程和计划教学，灵活性欠缺，不仅造成学生负担重，也限制了教师和学生独立思考问题的能力，导致学生学习主动性差。同时，当时教学思想界普遍推崇苏联教育家凯洛夫的理论，即教育应以教师为中心，十分重视教师的领导作用②。当时各级学校在此教育理论的指导下，未注重学生的积极性，忽视了学生个性的培养。总之，以教师为主导的教育理念不利于培养学生的创造性，学生个性受到压抑，学生在课堂上的时间增多，实践性课程难以实施，久而久之，学习成为繁琐而疲惫的活动，最终导致劳动教育逐渐淡出学生的视野。

1.2.3 学生产生轻视劳动的思想

苏联教育模式在"技术决定一切""干部决定一切"的口号下建立，其教育理念更重视书本知识而忽视劳动和劳动教育，考试成了学生学校生活的日常。然而，此时新中国各项事业亟须重新投入建设，最紧迫的任务就是尽快恢复和发展生产，培育人才以带动工农业生产成为新中国所有事业的重点。

新中国成立初期，随着我国经济和文化事业的发展，全国的毕业生人数也在逐年增加，大部分学校热衷于追求升学率而忽视劳动教育，受当时社会和学校环

---

① 中央教育科学研究所. 中华人民共和国教育大事记（1949—1982）［M］. 北京：教育科学出版社，1983.
② 王文丽. 试论教学范式及其变革研究［J］. 东北师大学报（哲学社会科学版），2017（1）：179-183.

境的影响，学生普遍轻视体力劳动特别是农业劳动，农村部分毕业生极度反感参加农业劳动。同时，由于学校教育也是重视智育、轻视劳动，重视升学、轻视就业，造成了学生对工业、农业和其他体力劳动的轻视，使得一大批学生在接受完文化教育后，只愿意上大学而不愿意参加生产，学校教育与生产劳动的关系也日渐疏远。

为纠正这种倾向，1953年，政务院颁布《关于整顿和改进小学教育的指示》，并指出："小学学生毕业后，主要是参加生产劳动，升学的只能是一部分，因此，在学校进行教育时不应该片面强调学生毕业后如何升学，而应强调毕业后如何从事生产劳动"[①]。1954年，习仲勋指出，学生都想当干部，轻视劳动和劳动人民，但事实上社会主义与劳动是分不开的[②]。1954年4月，政务院又颁布了《关于改进和发展中学教育的指示》，要求"中学毕业生除部分根据国家需要升学外，大部分应该积极从事农业生产劳动或其他建设工作"，同时指出，在学校教育中，应当配合课堂教学，组织学生进行一些教育意义的体力劳动[③]。通过此类政策方针来遏制轻视劳动的社会风气，及时进行纠偏也是党在教育领域进行的重要工作。

1.3　对劳动教育的纠偏工作

为纠正劳动教育产生的偏差，国家对教育系统进行了重塑，颁布了一系列关于劳动教育的政策，用以端正教师、学生的思想，纠正社会上关于劳动的不良风气，消除社会对体力劳动的偏见，重新审视劳动教育目标，同时加强宣传教育工作，使得劳动教育回到正轨。

1.3.1　要求重新审视劳动教育目标

劳动教育目标是指通过教育培养学生的劳动技能和劳动素养，使其具备适应社会劳动需求和发展的能力。纠正劳动教育发展过程中出现的偏差，就需要重新审视劳动教育目标，即劳动教育应为发展建设新中国服务。

新中国成立初期的首要任务就是尽快恢复工农业生产，基于此，教育系统开始重新审视劳动教育目标，将培养学生的实践能力和劳动技能纳入其中，强调教

---

①　向华萍，陈业宏．我国教育法劳动教育方针：嬗变、障碍与进路［J］．渭南师范学院学报，2023（4）：37-47.
②　何东昌．中华人民共和国重要教育文献（1949—1975）［M］．海口：海南出版社，1998.
③　关保英．教育行政法典汇编（1949—1965）［M］．济南：山东人民出版社，2016：120.

育不仅要传授知识，还应该注重培养学生的实践技能，将教育与生产劳动相结合提上日程，提出教育要"为工农服务、为生产建设服务"①的方针，劳动教育目标得到了重视，从根本上推动我国社会主义改造事业，进而推动新中国的发展。

要从根本上推动新中国的发展建设，就需要培养人才，使其成为推动社会主义社会发展的根本动力。但在新中国成立初期，我国大部分劳动人员未接受过实际教育，严重影响了我国工农业发展的速度。要想加快推进我国工农业生产建设，必须让有文化知识的高小和初中毕业生参与到生产建设中来，让他们意识到建设祖国的责任，这是劳动教育的目标，也是建设社会主义的必然要求。因此，1954年青年团中央强调"国家办学校教育青年一代，目的是使他们能更好地参加劳动，成为社会主义的自觉的积极的建设者"②。这表明，此时学生到学校学习科学文化知识的根本目的是将来能够更好地投身于社会主义建设事业中，为建设社会主义国家贡献力量。

与此同时，教育部在《关于解决高小和初中毕业生从事生产劳动问题的请示报告》中大力宣传东北、山东组织毕业生参加工农业生产劳动，有力推进了当地社会主义建设与改造。随后其他省市开始效仿，充分发挥劳动教育的积极性和创造性，推动我国生产发展。此外，国家颁布的《关于有计划地组织未能升学的高小和初中毕业生参加工业生产的通知》（1954年）、《关于组织高小和初中毕业生从事农业劳动和进行自学的报告》（1955年）等文件体现了学生在工农业生产建设事业中的积极作用，是工农业快速发展、国家建设的坚强后盾。

可见，我国教育系统以教育与生产实践为切入点，关注劳动教育的相关问题，重新审视了劳动教育的目标，强调劳动教育目标需要紧跟社会需求，服务于新中国发展建设，使得劳动教育成为促进工农业生产建设的强大推力，进而推动社会进步与国家发展。

1.3.2　要求消除对体力劳动的偏见

"万般皆下品，唯有读书高。"在过去，人们认为只有通过读书，进入仕途，才能在社会上取得成功，这种错误思想从旧中国延续到了新中国。在当时背景下，在工厂做苦工，在田里干农活，都是辛苦的工作，只有到城市从事教育、商业或者当了干部和学者，才是好工作，对体力劳动的歧视成了一种普遍现象。新

---

① 何东昌. 中华人民共和国重要教育文献（1949—1975）［M］. 海口：海南出版社，1998：136.
② 何东昌. 中华人民共和国重要教育文献（1949—1975）［M］. 海口：海南出版社，1998：136.

中国成立初期，许多受过旧社会教育的教师本身就存在着对体力劳动及体力劳动者的歧视，因此部分教师在教学上并没有给予劳动教育足够的关注。基于此，1953年，政务院颁布《关于整顿和改进小学教育的指示》，提出要在学校中开展劳动教育，以提高学生的劳动积极性，消除对体力劳动的轻视[①]。

国家基于当时现状，强调高等学校和中等技术学校的生产实习是学以致用的有效路径，虽然强调实习取得了一定成绩，但还有不少学校和企业的负责人员，不重视生产实习，未事先做好准备工作，使得生产实习收效不大，影响了实际效果。为克服长久以来对体力劳动的成见，纠正过去轻视劳动的错误观念，国家将"爱劳动"作为全体公民公德的重要组成部分[②]。1949年，第一次全国教育工作会议上强调教育要服务于工人和农民，要以国家的生产建设为中心，把重点放在科技教育上[③]。1950年，钱俊瑞在《改革旧教育、建设新教育》的报告中提出，要把教育和生产联系起来，大力发展各级学校的技术教育，学校重视升学，忽视劳动教育，学生未养成良好的劳动习性，对劳动人民也没有深刻的情感[④]，导致有部分学生受自身条件限制无法升学，也不愿意从事工农业的生产。钱俊瑞在《当前教育的建设方针》中对"热爱劳动"和"尊重劳动"提出了更高要求，主张"不能轻视劳动"。随后，教育部又提出了要改革高校的课程，并指出要"有系统地组织学生参与生产实践"[⑤]。

为给予实习应有的重视，也为了国家建设储备优秀人才，政务院发布了《关于加强高等学校与中等技术学校学生生产实习工作的决定》。1954年，教育部在中共中央的批示下颁布了《关于解决高小和初中毕业生学习与从事生产劳动问题的请示报告》，并指出近年来教育部在工作中忽略了劳动教育，导致部分教师产生了不重视体力劳动的错误观念，这是教育原则上的错误，需要加强对学生的劳动教育[⑥]。1955年，全国文化教育工作会议召开，会议提出，要想提高普通教育质量，就必须贯彻全面发展的方针，有步骤地实施生产技术教育。这些方针政策都明确指出，劳动教育应将理论知识与技术实践结合起来，方针政策的落实使得

① 王飞. 新中国"十七年"劳动教育的成就与启示 [J]. 北京教育学院学报, 2020 (1): 1-7.
② 何东昌. 中华人民共和国重要教育文献 (1949—1975) [M]. 海口: 海南出版社, 1998: 1.
③ 方晓东, 李玉非, 毕诚, 等. 中华人民共和国教育史纲 [M]. 海口: 海南出版社, 2002.
④ 刘超. 创建"新教育"的战略与策略——共和国初期高等教育变革的历史进路 [J]. 清华大学教育研究, 2019 (6): 55-63.
⑤ 何东昌. 中华人民共和国重要教育文献 (1949—1975) [M]. 海口: 海南出版社, 1998: 1.
⑥ 宫长瑞, 卜凡钦. 中国共产党劳动教育的百年历程和经验 [J]. 教育学术月刊, 2021 (12): 87-94.

劳动者的面貌焕然一新，爱好劳动成了一种新风尚。学生们通过实习，参与到工农业生产中，树立起劳动光荣的理念，从而消除对体力劳动的偏见。

1.3.3 要求加强劳动教育宣传工作

宣传工作是调动毕业生从事生产劳动积极性的有效途径。实施以劳动教育为重点的宣传，能够有效做好毕业生的思想建设工作，使毕业生做好参加工农业生产的准备，为我国工农业生产建设服务。因此，国家要求有关部门加大对劳动教育的宣传力度，使学生认识到参与生产劳动对于促进我国社会主义建设的重要意义。

首先，党政领导干部给予高度重视。组织实施小、初、高毕业生参加生产劳动，通过党报、团报等媒体进行广泛的宣传，促使其明白参加生产劳动对于社会主义建设和改造的重要性。其次，出台一系列政策文件，加大宣传力度。教育部、宣传部等有关部门发布了一系列的政策文件，对毕业生参加生产劳动的重要性进行宣传，以此来调动毕业生参与工农业生产建设的积极性，从而推动国家建设发展。最后，做好"劳模"宣传工作。东北地区积极开展大学生的生产工作，涌现出一批优秀的"劳模"，如李恩凤、吕根泽等。用这些典型的例子来引导民众，让其了解在工农业生产第一线的劳动模范是怎样克服困难创造佳绩的，并用报纸、画册、红头文件等方式进行广泛的宣传，以此来激励更多的人加入到社会主义的建设当中。

综上，1949—1956年这一时期的劳动教育经历了规范方向、出现问题、进行纠偏三个阶段。在新中国成立初期，为了有效地进行国家建设和社会主义革命，劳动教育成为一项重要任务，具有重要地位。基于此，在吸收借鉴苏联模式后形成了新的发展路径。但此路径也存在弊端，即忽视了劳动教育所包含的实践性，产生了轻视劳动的问题，影响了劳动教育的质量和效果。因此，在向社会主义过渡后期，进行了劳动教育纠偏工作，加强了对劳动教育的管理和指导，制定了更加科学合理的教育方针，重新明确了劳动教育的目标和内涵，以确保劳动教育能够有效地提升劳动者的素质和能力，使得劳动教育重新回到了正轨。但从整体来看，此时的劳动教育仍处于萌芽阶段，需要顺应时代要求，进一步完善相关内容，使得劳动教育与新中国前进方向相一致，为我国接下来的发展打好基础。

第 2 章

社会主义建设探索时期
（1957—1977年）的劳动教育

　　1956年年底，我国完成对农业、手工业和资本主义工商业的社会主义改造，国家正式进入社会主义建设探索时期。在改革开放前的20年时间里，劳动教育的发展经历过高潮，也经历过低谷，在曲折中不断前行，在摸索中不断总结经验教训。不变的是，劳动教育无论在理论还是在实践过程中的地位始终被党和国家高度认可，其发展状况一直受到高度重视。

　　从1957年开始，以往完全借鉴苏联教育模式的发展理念逐渐发生动摇，开始逐步摆脱苏联教育家凯洛夫教育思想中对劳动教育辅助地位的引导，国家决定积极开辟适应新中国特有国情的社会主义建设道路。毛泽东在《关于正确处理人民内部矛盾的问题》中明确指出："我们的教育方针，应该使受教育者在德育、智育、体育几方面都得到发展，成为有社会主义觉悟的有文化的劳动者。"[①]1958年9月的《中共中央、国务院关于教育工作的指示》中进一步提出，"教育的目的，是培养有社会主义觉悟的有文化的劳动者，这是全国统一的，违反这个统一性，就破坏社会主义教育的根本原则"[②]。自此，国家清晰界定出社会主义培养劳动者的教育目标，"培养劳动者"充分体现出我国教育制度具有鲜明的社会主义属性，将劳动者视为国家进行社会主义建设的主人，在社会主义国家中劳动是推动公民平等的重要方式，也只有通过辛勤劳动，公民才可以真正成为社会主义建设的推动者，从而实现个人理想。与此同时，国家也逐渐建立起包括面向广大工农子女在内的大范围本土化的劳动教育制度，进一步加速了我国教育的普及与发展。我国将劳动教育与生产劳动有机结合，通过出版一系列劳动教

---

① 毛泽东. 正确处理人民内部矛盾的问题 [N]. 人民日报，1957-06-19.
② 中央教育科学研究所. 中华人民共和国教育大事记（1949—1982）[M]. 北京：教育科学出版社，1983：96.

育书籍等方式加强宣传力度，如《中小学生的劳动教育和参加劳动生产问题》（1958年北京出版社）、《教育结合生产劳动好得很》（1958年上海教育出版社）、《小学开展生产劳动教育的初步经验》（1959年人民教育出版社）及《中学开展生产劳动教育的初步经验》（1959年人民教育出版社）等不断阐释社会主义建设为何需要加强劳动教育、国家全面发展为何离不开劳动教育的推动等关键性问题，使得劳动教育获得了广泛关注。

1958年以后，我国劳动教育发展的社会环境变得更加复杂，要兼顾建设社会主义和阶级斗争等多项任务。围绕"教育与生产劳动相结合"这一核心教育方针，我国劳动教育在这一时期的发展出现了多重价值选择。当时在全国范围内掀起了勤工俭学、半工半读的浪潮，国家通过提倡勤工俭学和半工半读的方式来缓解教育经费不足的压力，提倡体力劳动与脑力劳动相结合是劳动教育的契合途径。一方面，诸多学校结合自身实际，通过深入挖掘内部资源、建设勤工俭学实践基地等多元化方式，不断加强劳动育人，同时也拓宽了教育经费的来源渠道。另一方面，由于受到当时极左思潮的影响，劳动教育在这一时期更多被视为进行阶级斗争的工具，出现了"劳动人民知识化，知识分子劳动化"的极端倾向。发展至后期，国家认识到劳动教育并非一味地苦干蛮干，"以劳代学"并不可取，以耗费体力为标准的劳动教育随即得到纠正，国家开始关心学生在劳动教育过程中的身心发展，并注意培养广大学生的劳动观和劳动习惯。

而到了1966—1976年的"文化大革命"时期，劳动教育科学的内在运行规律再次被打破，日常教学程序因对劳动的过分解读而受到冲击，甚至出现了诸多对立内容，如将学习与劳动相对立、脑力劳动与体力劳动相对立、知识分子与工农群众相对立，机械的劳动教育二元论色彩在这一时期极为浓厚。

本章将从劳动教育作为阶级斗争的工具、劳动教育作为解决教育经费问题的手段、劳动教育纳入学校教育的课程体系三节内容对1957—1977年我国社会主义建设探索时期的劳动教育发展情况进行介绍。

2.1 劳动教育作为阶级斗争的工具

2.1.1 劳动教育的政治色彩浓厚

在社会主义建设探索阶段，作为阶级斗争的工具之一，劳动教育承担了国家政治化的重要任务。劳动教育从思想上被给予进一步改造，使得其偏离了起始轨道，逐渐呈现出发展上的"异化"，也违背了马克思主义所强调的现代劳动基本形态，即以科学知识为基础，以机器为工具①。"由于当时要突出解决的是学生的政治方向和毕业后参加生产劳动问题，而对政治的理解又局限于搞阶级斗争，对生产劳动的理解又主要是从事体力劳动，这样在实践中贯彻教育方针时，就出现了'左'的偏差。"②整体来看，我国在这一阶段的劳动教育处于一种不健全的政治色彩浓厚的发展状态。

在1957—1966年国家关于劳动教育的指示文件当中，可以通过毛泽东、刘少奇等国家领导人有关教育工作的讲话内容看出，劳动教育在这一时期被寄予"厚望"，成为阶级斗争展现的重要平台。在1958年《中共中央、国务院关于教育工作的指示》中便着重指出"教育为无产阶级的政治服务，教育与生产劳动相结合"③，明确了劳动教育的政治服务性这一教育方针。在该文件中，也进一步要求各类学校均需要将生产劳动纳入正式课程中，并给予高度重视，同时也明确提出劳动教育在各类学校中的发展方向是在学校中大办工厂或农场，而工厂或农业合作社还应办学校，实现共同进步。

1958年6月，在全国教育工作会议中，时任中央宣传部部长、中央文教小组组长的陆定一在讲话时强调了关键一点，即"教育与劳动结合，是教育革命的主要内容之一"④。1958年8月，陆定一写的《教育必须与生产劳动相结合》经毛泽东主席审核通过，正式发表。该文将各类学校是否能够坚持"教育与生产劳动相结合"强烈视为不同社会性质之间、不同阶级立场之间的两条截然不同的教育战线上的典型表现。文章阐述了资产阶级敌对势力的虚伪做法，认为残留的资产阶级敌对分子无法采取正面迎战的方式开展政治斗争，但心怀叵测，从各个领域渗入资产阶级腐败思想，教育领域便是其一。他们虚伪地主张危险观点，即"为教育而教育，劳心与劳力分离，教育由专家领导"。该文还敏锐地提出资产阶级敌对分子还会鼓吹"体力劳动与脑力劳动存在天然差别"的错误观念，他们往往会蛊惑人民群众产生极端思想，即认为受教育仅仅就是接受来自课本和书籍上的学习，书本知识掌握越多的人，其社会地位便会高人一等；而从事生产劳动的体力劳动者则处于社会底层。这样的极端观念长此以往被宣传下去，将会深深毒害

①　曾天山. 我国劳动教育的前世今生［N］. 人民政协报，2019-05-08.
②　李庆刚. "大跃进"时期"教育革命研究"［D］. 北京：中共中央党校，2002.
③　中央教育科学研究所. 中华人民共和国教育大事记（1949—1982）［M］. 北京：教育科学出版社，1983：86.
④　何东昌. 中华人民共和国重要教育文献（1949—1975）［M］. 海口：海南出版社，1998：836.

广大青年学子。鉴于以上危急的情况，我国在当时针对劳动教育的现实发展，旗帜鲜明地提出"教育为工人阶级的政治服务，教育与生产劳动相结合。为了实现这个方针，教育必须由共产党领导"①。由此可见，该段时期内我国劳动教育的发展更多是一种政治手段，其主要目的是消除脑体分工并进行阶级改造。

到了"文化大革命"期间，劳动教育在发展过程中"以阶级斗争为纲"的色彩变得更加浓厚，国家的教育方针虽然体现了劳动教育的重要性，但出现过度政治化的局面，使得劳动教育走向异化，无论是劳动态度、劳动情感，还是劳动的直接表现形式等方面均发生了一些不可思议的改变。"劳动教育的政治意义、经济意义和认识论意义都被提升到前所未有的高度，在实践中也开始以一种前所未有的姿态强势推进。"②作为劳动教育的参与者，劳动不再是出自科学的认知，而是对现实阶级社会的盲目追崇，劳动的本质、劳动的精神属性、劳动的科学发展观等在这一时期被忽视，出现了劳动教育上的"大跃进"，劳动的理论层面学习严重不足，过度强调劳动的实践形式。"'左'的思想横行时，脑力劳动是不算劳动的，所以知识分子要到工厂、农村去接受工人、贫下中农的'再教育'"③。在当时学校的各类课程中，劳动教育被赋予较高的地位，仅次于阶级斗争课，承担着重要的政治使命。"文化大革命"时期，劳动教育的畸形发展逐渐偏离了"教育与生产劳动相结合"的初心。

2.1.2　阶级斗争扩大化中劳动教育的表现

"文化大革命"前期，我国已经出现城市中的毕业生无法正常升学、初高中毕业生无法在城市就业的难题，党和国家也适时采取了一些措施加以缓解。1963年，中共中央、国务院批转中央安置工作领导小组《关于城市精简职工和青年学生安置工作领导小组长会议的报告》，开始鼓励和支持城市广大青年学子上山下乡参加农业劳动，同时还要妥善安置全国大中城市里无法正常升学、无法正常在城市就业的初高中毕业生进入人民公社生产队参加生产劳动④。

"文化大革命"期间，劳动教育已成为国家进行阶级斗争的有力工具，劳动教育的发展逐渐步入"瓶颈期"。在学校内部，甚至出现了"劳动=教学"的错

---

① 何东昌. 中华人民共和国重要教育文献（1949—1975）［M］. 海口：海南出版社，1998：852-855.
② 李珂，曲霞. 1949年以来劳动教育在党的教育方针中的历史演变与省思［J］. 教育学报，2018（5）：63-72.
③ 萧宗六. 怎样理解"教育与生产劳动相结合"［J］. 教育研究，1999（6）：52-56.
④ 中共中央文献研究室. 建国以来重要文献选编：第十六册［M］. 北京：中央文献出版社，1997：63.

误引导，将劳动视为对不服从安排的师生进行惩罚的主要手段。"阶级斗争=主课"是当时国内各学校的普遍状态，"教条化"与"模式化"成为当时学校劳动教育发展的关键词。劳动教育课程设置过多反而失去了劳动育人的重要意义，劳动教育的进一步被"异化"使得其政治色彩更加浓厚。1966年12月9日，在《中共中央关于抓革命、促生产的十条规定（草案）》出台后，学校教学活动和教学秩序受到强烈冲击，众多师生开始陆续到农村、工厂参加生产劳动和阶级运动，并鼓励学生积极开展革命串联工作；1969年5月，《人民日报》发表了吉林省梨树县发布并实施的《农村中小学大纲（草案）》，其明确提出小学应设置算术、政治语文、革命文艺、军事体育及劳动五门课程，中学应设置毛泽东思想教育、"文化大革命"文艺、军事体育、农业基础及劳动五门课程，中小学均将劳动课程视为主要课程之一，学五课是"文化大革命"时期我国在教育领域中的缩影。

对"文化大革命"期间我国劳动教育出现的盲目发展现象进行反思后，可以发现其产生的原因主要包含两个方面。一方面，缺少对中国特色社会主义建设的实际探索，无论在经济建设、政治建设还是在教育事业的发展上，都没有科学运用马克思劳动思想指引劳动人民的学习、工作与生活。在当时并没有厘清脑力劳动与体力劳动间的关系，激进地将两者进行了阶级层面的区分，错误地认为体力劳动者的社会地位应高于脑力劳动者，从而导致了一种乱象，即劳动人民为了证明自身的政治觉悟高，不顾实际地参加到体力活动中，从事更笨重的劳动工种，乐于在更艰苦的劳动环境中挥洒汗水，以此判断教育与生产劳动结合工作是否到位，最终与马克思劳动教育本质渐行渐远；另一方面，在学术界，从事教育理论研究的工作者在当时并没有产出基于我国实际发展情况的劳动教育研究成果，特别是对触及本质的问题，即教育到底应如何科学合理地同生产劳动相结合，从而顺利实现马克思提出的人的全面自由发展的培养目标，缺乏深刻探讨。

2.2　劳动教育作为解决教育经费问题的手段

2.2.1　国家教育经费不足的现实困境

在对农业、手工业和资本主义工商业改造完成后，我国全面进入社会主义建设时期，由此带来的一个重要影响是教育事业开始迅猛发展。相关统计数据显示，1956年，全国小学生总体数量达到6 346.6万人，是1949年的2.6倍；全国初中生总体数量达到438.1万人，是1949年的5.3倍；全国高中生总体数量达到78.4万人，是1949年的3.8倍；全国中等技术学校学生总体数量达到53.9万人，是1949年的7倍；全国大学生总体数量达到40.3万人，是1949年的3.5倍[①]。到了1958年，除业余学校以外，我国已有1 408所高校，79万大学生；中等学校已有118 000所，1 500万中学生；小学已有95万所，9 200万小学生[②]。教育事业蓬勃发展的同时，也增加了财政负担。以新中国当时的经济财力没有办法继续保障国家教育规模的扩张，众多毕业生无法进一步完成学业，只能迫不得已走向劳动岗位。"教育供给和需求之间悬殊巨大，成为人民内部矛盾在教育领域的一个突出体现"[③]。与此同时，当时出现的另一个重要问题是国家教育经费支出呈现下降态势（见表2-1）。1958年我国的教育管理权开始下放，很多地区出现了挤占和挪用教育经费的现象，教育经费问题日益突出。

表2-1　　　　我国教育事业费用支出及其占比情况（1955—1959年）

年份 类别	1955	1956	1957	1958	1959
国家财政总支出（亿元）	269.29	305.74	304.21	409.40	552.86
教育事业费用支出（亿元）	14.08	16.47	19.52	19.83	24.09
占国家财政支出比例（%）	5.23	5.39	6.42	4.84	4.36
占文教事业费用支出比例（%）	71.04	68.91	70.32	69.24	66.05

数据来源：历年《中国教育年鉴》。

2.2.2　解决国家教育经费不足的重要手段

面对上述国家教育事业发展经费严重不足的现实问题，我国在当时主要采取了勤工助学的政策给予应对。1957年，刘少奇针对绝大多数中小学生家庭无法承担学费而不得不放弃升学的问题展开了全国性调查，在进行了科学论证和深思熟虑之后，刘少奇率先提出让广大学子在课余时间进行勤工俭学来补贴学习与生活费用，他也将这一方式视为"解决学生学习费用困难和普及教育的一个重要途

①　顾明远．中国教育大系：马克思主义与中国教育（下）[M]．武汉：湖北教育出版社，1994：36．
②　祁占勇．新中国成立70年来我国劳动教育政策的价值选择及其变迁 [J]．国家教育行政学院学报，2019（6）：18-26．
③　李庆刚．正确处理人民内部矛盾探索中的制度创新——论刘少奇"两种教育制度、两种劳动制度"思想的形成 [J]．北京党史，2017（3）：5-10．

径"①以及"彻底改变旧社会遗留下来的鄙视体力劳动和劳动人民恶习的重要途径"②。

这一想法进一步得到了国家官方媒体的报道。1958年1月，《人民日报》发表社论《两个好榜样》，大力倡导勤工俭学，以进一步节约国家教育经费开支，保证学生正常的生活需要。其中提到"最好的办法就是提倡勤工俭学，使学生以自己的劳动收入解决自己全部或一部分学习和生活的费用"③。在这之后，共青团中央发表了《关于在学生中提倡勤工俭学的决定》，着重指出了勤工俭学可以使两大结合（知识分子与工农相结合、脑力劳动与体力劳动相结合）顺利实现，同时可以从更深层面进一步改变整个社会鄙视体力劳动和劳动人民的偏见，打破刻板印象，从而发挥移风易俗的重要作用。通过勤工俭学，学生可以在获得文化知识的同时受到体力劳动的锻炼，掌握一定的生产技能，培养劳动习惯和艰苦朴素的作风。"对于培养学生成为具有社会主义觉悟的、有文化的劳动者，有着极其重大的意义"④。刘少奇也进一步认为，我国当前若开始实行两种劳动制度和两种教育制度，不仅可以有效减轻国家教育经费不断增加的负担，同时还能逐渐消灭体力劳动与脑力劳动间的差别⑤。

在这段时期，国家不断号召各地区、各学校结合自身实际发展情况，倡导利用学校、工厂、农场、街道和车间等场所让广大学子从事工农业生产劳动、农村副业与手工业生产以及基础建设和运输业、校内外的基础服务性等劳动。其主要目的除了解决升学问题难、缓解教育经费不足的压力外，还包括积极培养学生的日常劳动意识与良好的劳动习惯，逐步提升学生的生产理论知识和劳动实践技能，进一步加强学生的政治思想觉悟。与此同时，当时的教育部副部长董纯才在第一届全国人民代表大会第五次会议上也以《加强思想教育、劳动教育，提倡群众办学、勤俭办学》为题作了针对性的教育工作报告。1958年2月3日，当时的国务院副总理薄一波作了《关于1958年度国民经济计划草案的报告》，在此报告中明确提出我国今后要分步骤地实行半工半读这一教育制度。

基于此，1958年2月，教育部发布《关于大力支持团中央"关于在学生中提

① 何东昌. 中华人民共和国重要教育文献（1949—1975）［M］. 海口：海南出版社，1998：792.
② 何东昌. 中华人民共和国重要教育文献（1949—1975）［M］. 海口：海南出版社，1998：793.
③ 何东昌. 中华人民共和国重要教育文献（1949—1975）［M］. 海口：海南出版社，1998：792.
④ 王卫国. 建国以来教育同生产劳动相结合法规文献汇编［M］. 北京：教育科学出版社，1995.
⑤ 李珂，曲霞. 1949年以来劳动教育在党的教育方针中的历史演变与省思［J］. 教育学报，2018（5）：63-72.

倡勤工俭学的决定"的通知》，着重指出"实行半工半读、勤工俭学有可能成为解决学生学习费用困难，并有助于学校发展的一个重要途径"。至此，劳动教育正式作为我国多快好省建设社会主义、勤俭办学、勤俭建国的重要手段。20世纪50年代，我国各省市、各区县等教育行政部门纷纷组织勤工俭学相关活动，如北京市、浙江省、陕西省等在各类学校中举办多场教育与生产劳动相结合的勤工俭学成果汇报会，还包括一些展览会、红砖跃进会等，更加全面地展现众多地区在校办工厂、校办车间等场所中学生们的优秀劳动作品①。总体来看，勤工俭学在当时国家教育经费有限的条件下发挥了一定的作用。

2.3　劳动教育纳入学校教育的课程体系

早在1942年中央党校开学典礼上，毛泽东就强调世上"有两种不完全的知识，一种是现成书本上的知识，一种是偏于感性和局部的知识，这二者都有片面性。只有使二者互相结合，才会产生好的比较完全的知识"，并强调"真正的理论在世界上只有一种，就是从客观实际抽出来又在客观实际中得到了证明的理论"②。毛泽东言辞激烈地批评了学校教育理论脱离实际的问题。1965年12月，毛泽东在杭州的一次会议上发表讲话，对当前国内形势和教育情况进行了分析，"现在这种教育制度，我很怀疑。从小学到大学，一共十六七年，二十多年看不见稻、粱、菽、麦、黍、稷，看不见工人怎样做工，看不见农民怎样种田，看不见商品是怎样交换的，身体也搞坏了，真是害死人"③。在毛泽东这一思想指导下，劳动教育被视为"贯彻用手与用脑、学习与劳动、生产与教育、理论与实际密切结合的原则"的必由之路④，是让学生获得比较完全的知识，成为全面发展的人、又红又专的人、工人化的知识分子、知识分子化的工人的唯一方法。

2.3.1　课堂教学与生产实习并重

1957年初，根据教育部要求，各地各级学校修订了课程计划，要求适量增加技术基础课，有条件的学校还应增设农业基础知识课。为此，一些学校内部办起了农场、牧场和机械厂等，以供师生进行实操；1957年4月8日，刘少奇在湖南长沙中学代表座谈会上的发言被整理为社论《关于中小学毕业生参加农业生产

①　张彬，等. 浙江教育发展史 [M]. 杭州：杭州出版社，2008：79.
②　毛泽东. 毛泽东选集：第3卷 [M]. 北京：人民出版社，1991：108.
③　何东昌. 中华人民共和国重要教育文献（1949—1975）[M]. 海口：海南出版社，1998：1383.
④　何东昌. 中华人民共和国重要教育文献（1949—1975）[M]. 海口：海南出版社，1998：828.

问题》刊发在《人民日报》上；1957年6月，教育部相继发布《关于1957—1958
学年度中学教学计划的通知》和《关于在农村小学五、六年级增设农业常识和农
业常识教学要点的通知》；在不同时期，根据实际情况，对不同学校、年级，每
周、每月、每学年的劳动时间作明确规定，同时开设属于教育与生产劳动相结合
的多门课程。

　　江苏省100多万名学生利用假期时间开展扫盲活动，类似的活动得到了当地
扫盲协会及青年扫盲队的大力支持①。在当时的社会实践中，众多师生积极深入
农村，与农民形成了深厚的友谊，身心均得到了一定程度的锻炼，从而进一步增
强了他们服务革命事业和劳动人民的坚定信念，提升了其建设祖国的责任感与使
命感。与此同时，开展劳动教育的另一条关键性的实践路径便是生产实习。当时
的教育部部长马叙伦也进一步提出，应高度重视中等职业技术学校和高等院校学
生的生产实习工作，加强对学生"爱护国家财产、保守国家机密以及严格遵守工
作制度与劳动纪律的教育"②。国家鼓励中等职业技术学校和高等院校积极安排
学生到工厂、工地和相关企业进行实训实习，如水工建筑、河川结构、机械制造
等专业的学生在武汉长江大桥、梅山水库、第一汽车制造厂等进行高质量实习；
畜牧兽医专业的学生到祖国的西北地区中的牧区进行专业实习③。

　　围绕各类义务劳动与公益劳动，一方面，各级各类学校结合国家建设需要积
极组织开展各项活动。如在河南安阳，广大师生充分响应国家"大办农业、大办
粮食"的号召，踊跃参加三秋义务劳动，同时全市师生还组织了"黄继光""邢
燕子""刘胡兰"等2 800多个突击小队④；在山东，临沭中学为响应"为祖国种
植油料作物"的号召，组织学生种植向日葵等⑤；而为了创造更佳的学习环境，
湖北各中小学开展艰苦建校的劳动实践，包括组织学生修建校舍、采集标本、从
事农副业生产劳动及手工业生产⑥。另一方面，这一时期学校会通过自办工厂、
农场或与其相挂钩的形式组织学生进行勤工俭学。

　　1958年，在一届全国人大五次会议上，当时的教育部副部长董纯才提出，

　　① 江苏一百多万中小学生暑期参加扫盲活动［N］. 中国青年报，1956-07-15（1）.
　　② 何东昌. 中华人民共和国重要教育文献（1949—1975）［M］. 海口：海南出版社，1998：211.
　　③ 佚名. 全国高等学校中等专业学校学生在全国各地进行生产实习［N］. 光明日报，1955-
07-15（1）.
　　④ 佚名. 安阳十七万师生支援三秋［N］. 中国青年报，1960-10-06（3）.
　　⑤ 山东省档案馆馆藏. 通过公益劳动和学校的具体事例向学生进行劳动教育和爱国主义教育. 档案
号：A004-02-0153-004.
　　⑥ 熊贤君. 湖北教育史（下）［M］. 武汉：湖北教育出版社，2003：69.

各类学校应有组织有计划地鼓励广大师生参与到包括农业生产劳动在内的一系列体力劳动中，同时要注意在教学内容中引入劳动生产实践，进一步传递劳动生产思想①。在这之后，有关生产技术的相关劳动教育课程逐渐受到重视，该类课程的学时数量稳步增长，其中蕴含的经济和政治意义，达到了前所未有的高度。1958 年，《中共中央、国务院关于教育工作的指示》中明确要求"在一切学校中，必须把生产劳动列为正式课程。每个学生必须依照规定参加一定时间的劳动"②。这也成为当时每个学生所需要经历的必修课。此后，我国教育部接连出台《关于 1958—1959 学年度中学教学计划的通知》《国务院关于全日制学校的教学、劳动和生活安排的规定》等关于劳动教育课程设置、师资配置及教学活动等方面的配套文件。至此，在我国基础教育的课程体系中，生产劳动课成为不可或缺的关键内容。

2.3.2　"以劳代学"反复出现

1958 年开始，逐渐出现了一股席卷全国的热潮，即学校开办工厂、工厂开办学校，勤工俭学、半工半读，并且人民群众也逐渐认可"劳动人民知识化"和"知识分子劳动化"的社会趋势。但是在"大跃进"的极左思潮影响下，勤工俭学、半工半读的形式开始发生转变，逐渐形成"以劳代学"的偏激路线，这种以政治化为导向的"浮夸风"在一定程度上造成了对劳动教育课程发展上的扭曲。从 1958 年 9 月开始，各级各类学校教职工和高年级学生停止课堂教学和知识学习，普遍投身到炼钢与三秋劳动中。在后续的纠偏工作中，如 1958 年 12 月中共中央批转了教育部党组《关于教育问题的几个建议》，其中强调"大中小学的教师主要劳动是教学，参加体力劳动以不妨碍教学为原则"。

国务院于 1959 年 5 月发布了《关于全日制学校的教学、劳动和生活安排的规定》，对学生劳动时间与学校课程知识的学习时间提出了合理安排的要求。而后教育部也印发了《全日制中小学暂行工作条例（草稿）》，帮助树立中小学校劳动教育工作典范，并明确规定了在中小学校里要求学生进行生产性劳动教育的目的、时间及手段等。

1960 年，国家先后颁布了《关于保证学生、教师身体健康和劳逸结合问题的指示》《关于保证学生、教师身体健康的紧急通知》两个重要文件，均强调规

---

① 何东昌. 中华人民共和国重要教育文献（1949—1975）[M]. 海口：海南出版社，1998：800.
② 何东昌. 中华人民共和国重要教育文献（1949—1975）[M]. 海口：海南出版社，1998：859.

范有效地安排师生的工作、学习及劳动时间，注意劳逸结合。此后，国家又相继出台《教育部直属高等学校暂行工作条例（草案）》（1961年）、《全日制中学暂行工作条例（草案）》（1963年）、《全日制小学暂行工作条例（草案）》（1963年）及《教育部关于实行全日制中小学新教学计划（草案）的通知》（1963年）等关键性指示文件，均对各个学龄段的学生参与生产性劳动的时间、目的及实践形式等作出了明确规定，且均强调了在各类学校的教学计划安排中应补充并完善生产劳动课，在一定程度上为我国劳动教育课程的体系化和规范化提供了有力保障。

　　然而，在"文化大革命"期间，"以劳代学"的倾向再次出现并持续加重，逐渐形成了近乎畸形的劳动教育培育模式。学校把教学内容集中在劳动大纲与报纸新闻的讲解，在教学方法上盲目突出劳动元素，这使得劳动教育的道德色彩再次变得浓厚，并且更多地被视为进行阶级斗争的有力武器，甚至将劳动教育的内容仅仅视为体力劳动，忽略了脑力劳动的重要性。1966—1976年，"数学物理删减后插入工业基础知识课中，主要讲'三机一泵'（拖拉机、柴油机、电动机、水泵）。化学与生物删减后插入农业基础知识课中，主要讲四大作物（粮、棉、油、麻）"[①]。在这一时期，劳动成为各类教育的中心，教学却无严格的要求。一方面，体现在"开门办学"，1966年12月9日，中共中央发布了《关于抓革命、促生产的十条规定（草案）》，鼓励广大师生到工厂、农场等进行革命串联，参加生产性劳动。各地报刊也大力宣传并提倡"开门办学"，正常的教学秩序被打破。另一方面，提出"知识青年上山下乡"。1968年起，作为反修防修的重要措施，"知识青年上山下乡""接受贫下中农再教育"成为这一时期的社会热点[②]。

　　综上，从总体来看，1957—1977年的劳动教育顺应了新中国成立初期的社会环境与建设方向，有效提升了学生的生产知识与实用技能，也成为国家控辍保学、缓解教育财政压力的可行路径。同时，劳动教育课程作为充分落实劳教结合教育方针、消解脑体分离的关键手段，发挥了十分突出的作用。然而，该时期的劳动教育仍存在着政治性功能明显、偏重体力劳动的激进思想及教学秩序无常等问题，这也进一步影响了劳动教育的可持续发展，亟须在下一历史阶段对其优化和完善。

---

① 周全华.“文化大革命”中的“教育革命”［M］. 广州：广东教育出版社，1999：112.
② 萧宗六. 怎样理解“教育与生产劳动相结合”［J］. 教育研究，1999（6）：52-56.

第3章

改革开放时期
（1978—1999年）的劳动教育

　　"教育与劳动结合的原则是不可移的"，教育与生产劳动相结合对于青年学生和知识分子改造思想具有重要作用①，这是毛泽东曾对当时理论与实际脱节的教育现象提出的批评和质疑。在初步建立社会主义基本制度之后，我国开始实施生产资料公有制和按劳分配的制度，劳动成为每个公民应尽的职责。但由于"文化大革命"时期歪曲了教劳结合的本质和原则②，要求知识分子和在校大学生必须参加生产劳动，保持劳动人民本色，"教劳结合"蕴含着改造知识分子的意味，导致大众对"劳动"的认知产生偏差，认为劳动就是工农业生产劳动，与之对应的劳动教育也被限定在工农业生产技术领域。学生学习内容也更多倾向实践性，忽略基础理论的教学，从根本上破坏了教育与劳动相结合的原则，也致使我国教育事业受到严重打击。改革开放之后，邓小平继承和发扬毛泽东对于劳动教育的观点和认识，丰富和发展了马克思主义劳动观的理论，改变了社会对于"劳动"的认知，扩展了劳动教育的内涵，鼓励知识青年群体加入劳动实践中，将所学专业知识与实际相结合，提升自己的思想觉悟的同时也为劳动教育提供示范和榜样作用。

3.1　努力为脑力劳动正名

3.1.1　科学事业的发展迎来转机

　　"文化大革命"期间，国家科学事业遭受严重破坏，科学技术发展受到阻碍。邓小平认为，在科学技术领域，要想实现科学技术现代化，必须解放思想，排除认知障碍。因此，在党中央领导的大力支持下，中国科学院率先进行调整，建立

---

① 厉以贤. 教育与生产劳动相结合的理论及其发展 [J]. 江苏高教，1995（1）：7–12.
② 罗建勤. 从"教育与生产劳动相结合"到"教育与社会实践相结合"[J]. 毛泽东思想研究，2001（3）：103–105.

和健全科研体制，恢复工作秩序，国家科学事业逐渐好转。对于科学事业的改革主要包括以下几个方面：第一，恢复了科研机构的学术委员会。学术委员会是科研机构重要的学术领导组织，但"文化大革命"期间曾被撤销。1977年，在中国科学院物理所试点重建了学术委员会，1978年初正式成立中国科学院学术委员会筹备组。第二，恢复技术职称。由于技术职称制度被搁置多年，严重打击了知识分子的积极性。为此，中国科学院率先恢复专家职称，破格晋升多位科学专家，极大地提高了知识分子的积极性，促使更多的知识分子投入到科学事业中。第三，中国科学技术协会恢复活动。"文化大革命"期间，中国科学技术协会停止活动，各级科协组织和各专门学会也被解散。1977年9月18日，经党中央批准，国家科学技术委员会恢复重建，中国科学院不再承担国家科委的职能，进一步明确了其工作定位。第四，制定科学发展规划。1977年6月，中国科学院主持召开了全国基础科学学科规划会议，经过研究和讨论，制定了各学科的发展规划，并确定了《全国自然科学学科规划纲要（草案）》。1977年12月，在北京召开了全国科学技术规划会议，大会审议通过了《1978—1985年全国科学技术规划纲要》，提出了未来八年我国各项科学技术工作的目标以及重点研究项目，推动科学技术和国民经济高速发展[①]，为改革开放时期国民经济和科学技术的基本方针奠定了理论基础。1978年3月18日，邓小平在全国科学大会上强调"科学技术是生产力"，"中国的知识分子已经成为工人阶级的一部分"[②]。还指出："独立自主不是闭关自守，自力更生不是盲目排外。科学技术是人类共同创造的财富。任何一个民族、一个国家，都需要学习别的民族、别的国家的长处，学习人家的先进科学技术。"[③]

全国科学大会的召开将科学技术的地位提升到空前的高度，也影响了之后我国科学技术教育和经济社会发展的大政方针，成为新中国现代科技事业的里程碑，社会各界也都逐渐重视科学技术的教育和发展。在这之后，我国积极与国际进行科学交流与合作，引进先进技术，并在此基础上进行创新，不断提升我国的科学事业和科技产业，科技发展迎来春天，也为党的十一届三中全会全面纠正"左"的错误和确立改革开放的正确路线开启了先路[④]，为我国社会主义现代化

① 袁振东. 1978年全国科学大会：中国当代科技史上的里程碑 [J]. 科学文化评论，2008（2）：37-52.
② 邓小平. 邓小平文选：第3卷 [M]. 北京：人民出版社，1993：107.
③ 邓小平. 邓小平文选：第2卷 [M]. 北京：人民出版社，1994：91.
④ 王扬宗. 中国科学技术事业的历史性转变——回望1978年全国科学大会 [J]. 中国科学院院刊，2018（4）：351-361.

建设的发展奠定了科学基础。

3.1.2 知识分子的待遇得到改善

1977年，在全国科学大会召开前夕，邓小平在谈话中强调："知识分子已经是工人阶级的一部分。他们与体力劳动者的区别，只是社会分工的不同。"[1]出于对知识和人才的高度重视，邓小平提出："向科学技术现代化进军，要有一支浩浩荡荡的工人阶级的又红又专的科学技术大军，要有一大批世界第一流的科学家、工程技术专家，造就这样的队伍，是摆在我们面前的一个严重任务。"[2]并在教育方针上提出"坚持德智体全面发展、又红又专、知识分子与工人农民相结合、脑力劳动和体力劳动相结合"[3]，开展红色教育，让知识分子树立坚定的政治立场和正确的政治方向。在教育方面，邓小平强调要尊重教师，调动教育工作者的积极性。"科研是靠教育输送人才的，一定要把教育办好。要把从事教育工作的与从事科研工作的放到同等重要地位，使他们受到同样的尊重，同样的重视。无论是从事科研工作的，还是从事教育工作的，都是劳动者"[4]。邓小平的这些论述，极大地鼓舞了广大知识分子和教师。1978年，邓小平在全国教育工作会议上明确指出，"我们制定教育规划应该与国家的劳动计划结合起来"，并提出要"在新的条件下贯彻教育与生产劳动相结合"的方针，拉开了劳动教育"纠偏"工作的序幕。[5]为了能够最大限度地发挥知识分子在现代化建设中的作用，邓小平提出要为知识分子创造好的工作条件，"使那些有专业知识的、年富力强的人，被选拔到能够发挥他们才干的工作岗位上来"[6]。还要求各级党委在发挥知识分子的作用方面担负起责任，要有意识地去发现和培养一批为社会主义建设服务的专业人才。知识分子作为社会主义建设的关键动力，要为他们创造优越的条件，发挥他们的专长，使他们能够专心致志地进行科学研究工作，全身心为社会主义事业做贡献。

3.1.3 教育与经济发展相适应

长期以来，我国科技水平落后，人们对教育与经济发展之间的关系的认识有所欠缺，忽略了教育发展问题。为此，邓小平从全局出发审视教育和科学技术问

---

[1] 邓小平. 邓小平文选（1975—1982）[M]. 北京：人民出版社，1983：89.
[2] 邓小平. 邓小平文选：第3卷 [M]. 北京：人民出版社，1993：1607.
[3] 中国教育年鉴编辑部. 中国教育年鉴（1949—1981）[M]. 北京：中国大百科全书出版社，1984：85.
[4] 邓小平讲话实录编写组. 邓小平讲话实录（演讲卷）[M]. 北京：红旗出版社，2013：178.
[5] 王明钦，刘英钦. 新中国成立后中国共产党劳动教育思想的脉络梳理与体系建构 [J]. 河南大学学报（社会科学版），2021（5）：136-143.
[6] 邓小平讲话实录编写组. 邓小平讲话实录（演讲卷）[M]. 北京：红旗出版社，2013：164.

题，改变人们错误的观念。"我们已经耽误了二十年，影响了发展，还要再耽误二十年，后果不堪设想"①。党的十一届三中全会以后，党的工作重心转移到社会主义现代化建设上来。邓小平通过总结历史经验，提出"整个教育事业必须同国民经济发展的要求相适应"的论断②，肯定了脑力劳动与体力劳动同等重要，确立教育优先发展的战略地位。改革开放初期，我国社会主义建设还处于初级阶段，国内整体生产力比较落后，必须大力发展社会生产力。而教育、科学技术、社会主义现代化三者之间的联系，也就成为我国教育发展战略关注的重点。

在世界和平与发展这一新的历史条件下，科学技术正在深刻地改变着当代经济和社会生活，科技在发展经济中的作用十分突出。邓小平审时度势，运用马克思主义的基本观点，提出"科学技术是第一生产力"，并指出"下一个世纪是高科技发展的世纪"③，在教育层面提出了"要面向现代化、面向世界、面向未来"④的方针，强调中国现代化的实现、经济的振兴和发展，必须依靠科学技术的进步。而科学技术的进步从根本上取决于劳动者素质的提高和大量专业人才的培养。这突出了我国建设中国特色社会主义、实现现代化对教育的要求，为当代中国教育的改革与发展开辟了理论和实践空间⑤。

"现在的世界是开放的世界"，"中国的发展离不开世界"，"我们国家，国力的强弱，经济发展后劲的大小，越来越取决于劳动者的素质，取决于知识分子的数量和质量"⑥。各国之间的较量说到底是综合国力的竞争，是人才的竞争，是教育的竞争。只有培养出一批批高新科技人才和专家，提高国家科技实力，才能在世界竞争中占据优势。"教育搞上去了，人才资源的巨大优势是任何国家比不了的。有了人才优势，再加上先进的社会主义制度，我们的目标就有把握达到"⑦。社会主义建设对教育和人才的发展有了更高的标准，这也是中国特色社会主义教育的战略目标，邓小平提出的教育方针为此后的劳动教育发展奠定了坚实的理论基础。劳动教育不仅能够提高劳动者的素质和技能，还能够促进经济发展，增强国家竞争力，为此，邓小平提出了一系列关于劳动教育的改革措施，以适应经济发展的需要。同时，也强调了劳动教育的普及性和全民性可以促进国民

① 邓小平. 邓小平文选：第3卷［M］. 北京：人民出版社，1993：275.
② 邓小平. 邓小平文选：第2卷［M］. 北京：人民出版社，1993：137.
③ 邓小平. 邓小平文选：第3卷［M］. 北京：人民出版社，1993：279.
④ 邓小平. 邓小平文选：第3卷［M］. 北京：人民出版社，1993：35.
⑤ 孙兰英. 论邓小平教育思想的核心［J］. 学校党建与思想教育，2015（15）：12-14.
⑥ 邓小平. 邓小平文选：第3卷［M］. 北京：人民出版社，1993：120.
⑦ 邓小平. 邓小平文选：第3卷［M］. 北京：人民出版社，1993：121.

素质的提高，为经济发展提供更多的人才支持①。

总之，教育与经济发展相适应是劳动教育的重要方向和目标，这也体现了邓小平教育理论的务实性、开放性和前瞻性，现代化发展是社会主义建设方向和目标，教育作为人力资源开发的主要途径，肩负着为现代化建设培育高质量人才的历史重任。

3.2　教育与劳动相结合在社会主义建设中的实践

3.2.1　邓小平对"教育与生产劳动相结合"思想的新发展

改革开放初期，我国生产和科技、机械化自动化水平还比较落后，手工劳动的生产方式在全国范围内占比较高。为此，迫切需要改进现有的生产方式，推动经济社会发展。邓小平坚持和发展了马克思关于教育与劳动相结合的基本原则，在新的历史时期给予教劳结合新的内涵。

3.2.1.1　在不断适应国民经济发展需要的过程中加强教劳结合

邓小平提出"要想把我国建设成为现代化的社会主义强国，并且在上层建筑领域最终战胜资本主义的影响，就必须培养具有高度科学文化水平的劳动者，必须造就宏大的又红又专的工人阶级知识分子队伍"②。在改革开放新的起点上，各种现代化技术层出不穷，更迭速度不断加快，现代化分工越来越精细，生产力的提高越来越依靠科学技术，现代化生产对人的素质也提出更多的要求，劳动教育也要跟上社会实践的发展。因此，邓小平从全局出发，总结时代发展趋势，站在现代化生产技术的高度，提出了教育与生产劳动相结合要适应国民经济发展的需要。

3.2.1.2　在不断适应现代科学技术发展需要的过程中加强教劳结合

邓小平指出"我们要实现现代化，关键是科学技术要能上去。发展科学技术，不抓教育不行，靠空讲不能实现现代化，必须有知识有人才"，"我们的国民经济是有计划按比例发展的，我们培养训练专家和劳动后备军，也应该有与之相适应的周密的计划"，"我们不但要看到近期的需要，而且必须预见到远期的需要；不但要依据生产建设发展的需求，而且必须充分估计到现代科学技术的发展趋势"③。教育与生产劳动相结合越来越显示出它是提高社会整体科技水平的基

---

①　卓晴君. 邓小平教育与生产劳动相结合思想的伟大意义及其时代特征［J］. 教育研究，1995（2）：8-14.
②　中共中央文献研究室. 邓小平同志论教育［M］. 北京：人民出版社，1990：54、146.
③　何东昌. 中华人民共和国重要教育文献（1976—1990）［M］. 海口：海南出版社，1998：1607.

础和关键，也是提高社会生产力的根本途径。邓小平从国家政策上进一步深化人们对教劳结合的认识，实现生产、科技、教育三者的有机统一，让教劳结合更加明确化、系统化，为贯彻教育与劳动相结合的方针指明方向。

3.2.1.3 在不断造就全面发展的时代新人过程中加强教劳结合

改革开放时期，高考恢复，教育制度不断完善，这调动了广大学生的学习热情，使社会风气向好的方向发展。同时，现代化工业的发展不仅要求劳动者具备必要的劳动技术，还要求劳动者具备一定的思想品德，这促使劳动教育转向全面发展。因此，邓小平根据实际发展状况，提出德、智、体等全方面发展的培养标准，使全体学生接受理论和技能训练相结合的培养方式，让学生在接受教育的过程中学习科学文化知识、生产原理及生产操作技能，保证所学知识能够与未来从事的职业相适应。在这一目标的指引下，国家培养出更多优秀的科学技术人才和后备力量，同时鼓励学生在受教育过程中树立正确的道德观，让学生成为有社会主义觉悟的有文化的劳动者，为国家科学研究和技术开发领域的长远发展打下坚实的基础。

3.2.2 顺应社会经济发展，推动劳动教育与经济发展一体化

改革开放以来，国民经济不断发展，产业结构由传统制造产业向科技型产业转变，对于信息、技术的需求急剧攀升。这一系列变化直接引起了就业结构的调整，新兴服务业的就业比重不断增加。各企业对于技术型、创新型人才的需求越来越大，不断敦促从业人员提升自身素质，提高竞争力。而教育与劳动相结合，其中"劳动"就不能仅限于它本身的意义，就需要将教育内容、所学专业和教育理论知识相融合，改变以往劳动教育只注重体力劳动和思想教育的传统观念，劳动教育的目标从为政治斗争服务向为社会主义现代化建设服务转变。因此，劳动教育作为必修内容被列入综合实践课程，与社会生产相衔接，从而学生能够体验劳动、创造劳动，更好地适应现代社会发展需要，实现自由全面发展。

3.2.2.1 顺应市场经济发展，促进教育与产业结合

市场经济的发展使企业对劳动主体的素质提出了更高的要求，一方面，企业为提高工作效率和质量，更注重在生产过程中对在岗劳动者的教育和培训；另一方面，加强在校学生的职业技能和职业规划，为将来其从事工作提供必要的科学知识和技能指导，始终贯彻"使教育事业的计划成为国民经济计划的一个重要组

成部分"①这一发展理念。而且在市场经济体制中，为了加大市场份额，提高利润，企业不得不研发新技术，降低成本，提高资本的有机构成，所以急需高质量的技术人才参与到企业管理中。而企业对高质量人才和技术的需求，则转化为对教育的高质量要求。因此，劳动和教育的结合延伸为产业和教育相结合、企业和学校相结合，由此形成良性循环，相互促进相互发展。

1993年，《中国教育改革和发展纲要》明确提出"教育必须为社会主义现代化建设服务，必须与生产劳动相结合"的教育方针，还强调"在结构选择上，以九年义务教育为基础，大力加强基础教育，积极发展职业技术教育、成人教育和高等教育，把提高劳动者素质，培养初、中级人才摆到突出位置"②，因此，这一时期各类学校招生人数有所提升（如图3-1和图3-2所示）。但随着招生人数的增加，学校培养出来的人才与社会实际需要不符，造成人才大量积压。为此，国家采取了调整措施，即发展职业教育。职业教育在改革调整期间发挥了重要作用，它的发展关系到行业和企业的生存、发展以及社会主义建设的全局。但职业教育发展的道路并非一帆风顺，在政企分开、企业减负增效背景下，技术工人在中低端企业中的岗位减少，职业教育的吸引力开始下滑，再加上高等教育的快速发展，职业教育面临双重打击，这种下滑趋势在进入21世纪之后，经过国家调整和改革得到改善。

3.2.2.2　引入技术教育，突出"科学技术是第一生产力"

随着改革开放的进一步推进，科学技术作为生产力发挥着越来越重要的作用。邓小平强调，要发展适应时代和社会发展需要的教育，尤其是要开展"同国民经济发展要求相适应的劳动教育"③。他还指出，"历史上的生产资料都是同一定的科学技术相结合的，同样，历史上的劳动力，也都是积累了一定科学知识的劳动力"④。应以现代科学技术为结合点，让劳动教育与学生所学的专业紧密结合。世界的发展趋势也证明，教育是科学发展的基础，教育成为提高社会整体智能化、科技能力的关键。因此，这个时期我国技工类学校数量及招生人数有所增长（如图3-3和图3-4所示），也纠正了以往所认为的只有体力劳动才是劳动而否认脑力劳动也是劳动的错误认知。这也是邓小平对科学发展趋势的准确把握，为我国的科学技术发展奠定了坚实的基础。

①　杨德广. 习近平总书记关于教育的重要论述对毛泽东和邓小平教育思想的传承和发展 [J]. 重庆高教研究，2020（5）：5-17.
②　中国教育改革和发展纲要 [J]. 人民教育，1993（4）：4-11.
③　邓小平. 邓小平文选：第2卷 [M].北京：人民出版社，1994.
④　邓小平. 邓小平文选（1975—1982）[M].北京：人民出版社，1983：85.

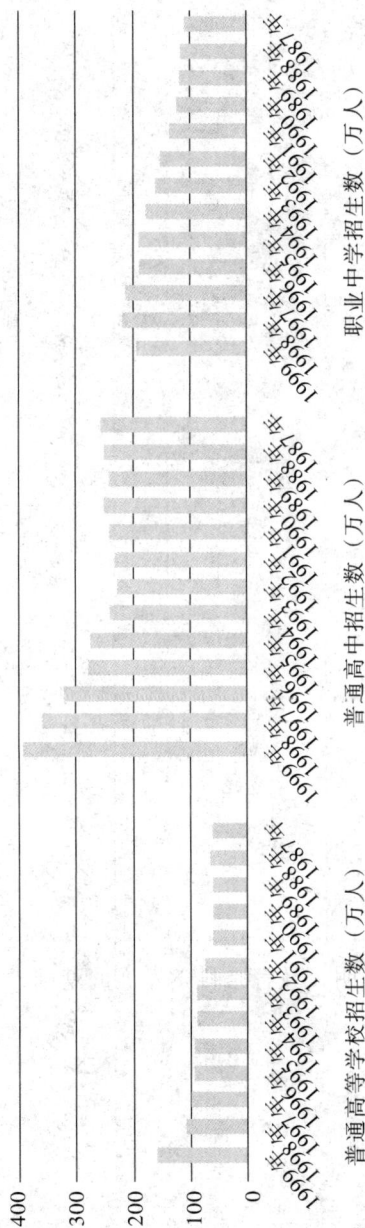

图3-1　1987—1999年普通高等学校、普通高中及职业中学招生人数

数据来源：国家统计局。

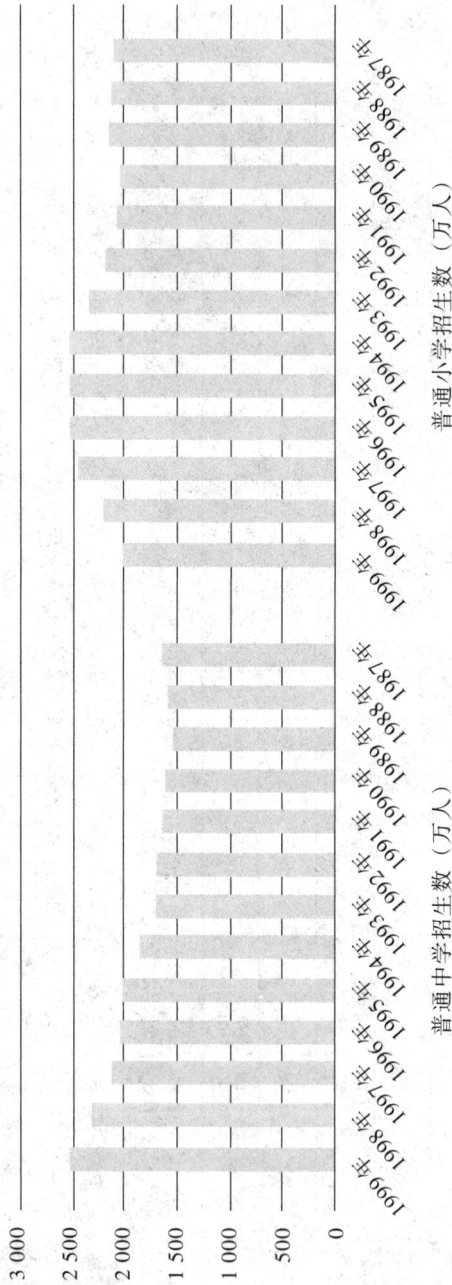

图3-2 1987—1999年普通中学和普通小学招生人数

数据来源：国家统计局。

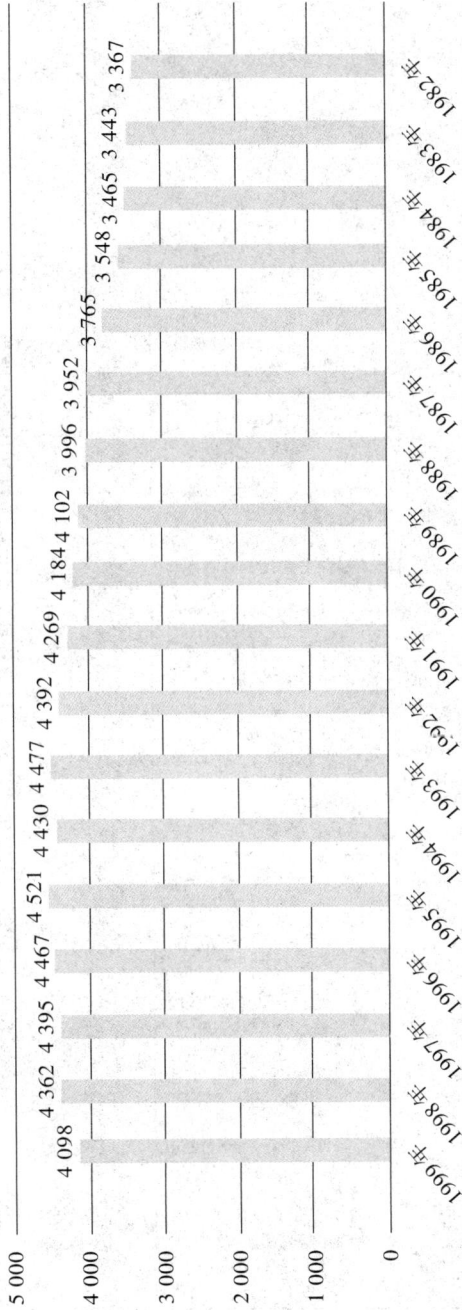

图 3-3　1982—1999 年技工学校数（所）

数据来源：国家统计局。

技工学校毕业生数

年份	数值
1982	32.3
1983	26.9
1984	18.5
1985	22.6
1986	23.3
1987	26.5
1988	31.1
1989	36.8
1990	41.3
1991	43.4
1992	45.7
1993	49.7
1994	55.7
1995	68.5
1996	68.1
1997	69.9
1998	68.2
1999	66.2

技工学校在校学生数

年份	数值
1982	51.2
1983	52.5
1984	62.8
1985	74.2
1986	89.2
1987	103.1
1988	116.1
1989	125.8
1990	133.2
1991	142.2
1992	155.6
1993	171.7
1994	187.1
1995	189
1996	191.8
1997	193.1
1998	181.3
1999	156

技工学校招生数

年份	数值
1982	20.3
1983	27.4
1984	31.1
1985	35.5
1986	39.4
1987	42.3
1988	46.1
1989	47
1990	50.6
1991	54.4
1992	60.2
1993	66.4
1994	71.4
1995	74.6
1996	72.1
1997	73.4
1998	59.4
1999	51.5

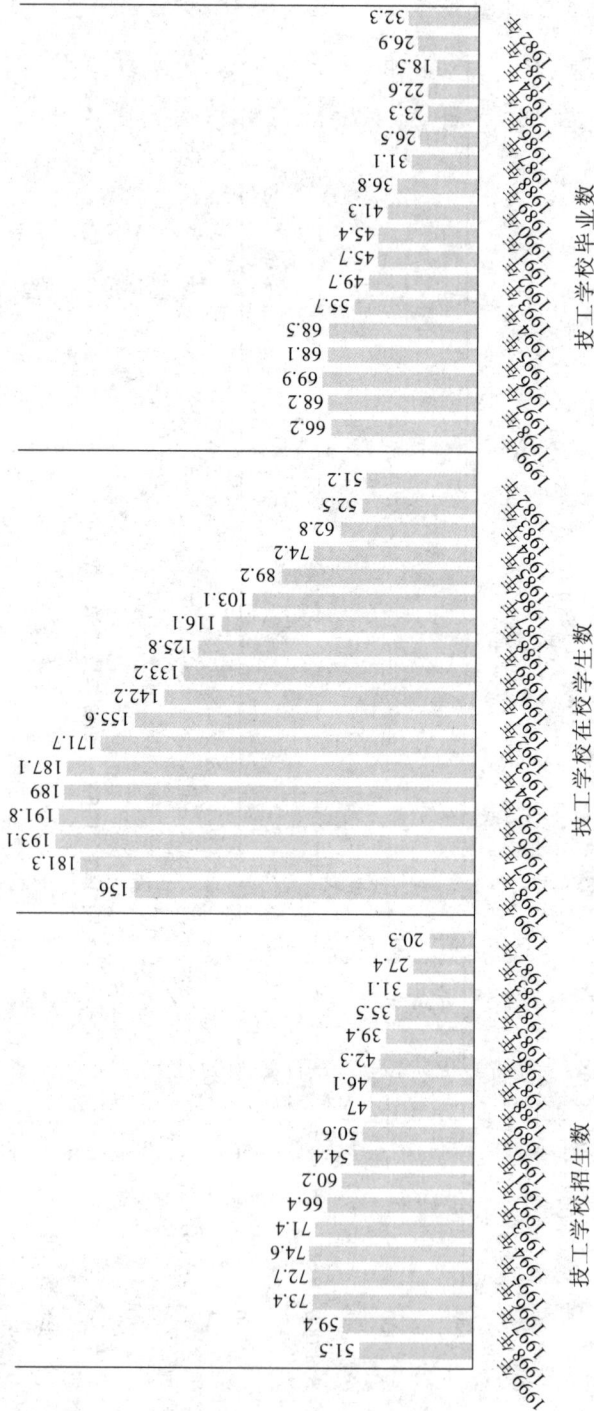

图3-4　1982—1999年技工学校招生数量、在校生数量及毕业数量（万人）

数据来源：国家统计局。

3.2.2.3　加强中小学的劳动技术教育课程建设

随着党和国家工作重心的转移，劳动教育也进入新的发展阶段。党和国家重新审视劳动教育，强调劳动教育的宗旨是"学生既能动脑，又能动手，手脑并用"[①]，实现学生的全面发展。自1981年起，教育部接连颁发了《全日制六年制重点中学教学计划（试行草案）》及《全日制五年制中学教学计划（试行草案）》《关于全日制六年制小学教学计划的安排意见》（1984年）等文件，提出了开设劳动技术教育课的要求。其中，1982年教育部印发的《关于普通中学开设劳动技术教育课的试行意见》中指出，中学劳动技术教育课的内容具体包括工农业生产、日常生产生活、公益劳动等，还对中学劳动技术教育课的课时安排提出了明确要求，初中每学年两周，每天按4课时安排，三年共计144课时；高中每学年四周，每天按6课时安排，三年制的共计432课时，两年制的共计288课时[②]（见表3-1）。同时还要求继续加强勤工俭学，相关内容在《全国中小学勤工俭学暂行工作条例》（1983年）、《关于进一步发展中小学勤工俭学若干问题的意见的通知》（1989年）中有明确要求。在劳动教育课程的实施上，一是将劳动教育贯穿在其他学科中进行教授；二是引导学生参加公益活动，培养学生的劳动精神和思想品德教育；三是组织学生参加生产劳动，提高学生的实际操作能力；四是开设手工艺课程，提高学生动手能力等。

国家各项政策都表明，我国劳动教育正逐渐走向正轨，对于学生劳动素养培养的比重逐渐凸显。1983年9月，邓小平提出"三个面向"[③]，贯彻教育为社会主义现代化建设服务的方针，把实现现代化作为教育改革的目标，使教育适应经济和社会发展的需要。1986年，全国人大通过了《中华人民共和国义务教育法》，第一次以法律的形式确定国家实行九年制义务教育，标志着我国义务教育进入了一个依法普及的新的历史阶段。"教育必须为社会主义建设服务"的说法正式取代了"教育必须为无产阶级政治服务"的说法。[④]《中华人民共和国义务教育法》的颁布，让现代社会中的每个公民都享有受教育的权利，为国民提供了基本的文化知识保障；技术教育则满足人民群众对实用技术的需求，通过实际操

---

① 何东昌. 中华人民共和国重要教育文献（1976—1990）[M]. 海口：海南出版社，1998：1927.
② 何东昌. 中华人民共和国重要教育文献（1976—1990）[M]. 海口：海南出版社，1998：2486-2487.
③ 邓小平. 邓小平文选：第3卷 [M]. 北京：人民出版社，1993：35.
④ 李珂，曲霞. 1949年以来劳动教育在党的教育方针中的历史演变与省思 [J]. 教育学报，2018（5）：63-72.

作和动手实践来培养人们的职业技能和劳动能力。在义务教育中，劳动技术教育成为学生综合素质教育的一部分，学生通过学习劳动技术课程，掌握基本的职业技能和劳动知识，培养动手能力和实践经验。这些技能和知识的掌握可以帮助学生更好地适应未来的职业生活，也可以提高其社会适应能力和自我发展能力。

表3-1　《关于普通中学开设劳动技术教育课的试行意见》中的课程计划[①]

劳动教育课程计划

学校类型	课程设置	学校条件	技术项目	课程安排			
城市中学	劳动技术教育	条件较好	植物栽培、动物饲养、木工、电工、无线电技术、烹饪、缝纫、编织等	初中	2周/学年	4课时/天	共144课时
		条件一般	一两项劳动技术教育				
农村中学	农业生产技术教育	条件较好	农用机械维修、电机维修、电工木工、泥瓦工、手工艺劳动、缝纫等	高中	4周/学年	6课时/天	三年制432课时
		条件一般	土壤、肥料、育种、作物及果树栽培、家禽家畜饲养等				二年制288课时
个别中学	公益劳动	不具备	整修校园、植树造林等				

　　随着各项教育政策的实施，全国大部分地区职业和技术教育也有所发展，职业学校招生人数不断增长，改变了中等教育结构单一化的局面。但是劳动教育的

---

① 何东昌. 中华人民共和国重要教育文献（1976—1990）［M］. 海口：海南出版社，1998：2046.

发展却出现下滑趋势，1986年，全国中学劳动技术教育工作座谈会指出了相关问题，即教育行政部门重视不够，领导不力，学校、社会对开设劳动技术课的认识还有一定的差距，教学设备、场地、经费、师资严重不足。[①]该会议还分析了这些问题产生的原因，即社会上片面追求升学率的现象严重地冲击了基础教育，使劳动技术课不能正常开设。加之劳动技术教育是一门新学科，又是一门综合性很强的学科，对场地、设备、师资的条件提出了不同于其他学科的新的要求，社会、家长、教师和学生对其重要性的认识还有待进一步提高。基于以上情况，我国于1987年出台了《"七五"期间全国教育科学规划要点》，之后又相继颁发了《全日制普通中学劳动技术课教学大纲（试行稿）》和《全日制小学劳动课教学大纲（试行草案）》。小学的劳动课时由1981年规定的72课时增加到102课时（1984年）再到136课时（1988年）；中学劳动课时由144课时增加到1988年的200课时（六三制中学）、268课时（五四制中学）（见表3-2）。1995年，《国家教委关于深入推进农村教育综合改革的意见》（教策〔1995〕4号）中要求农村中小学加强劳动技术课的开展，以推进农村教育现代化。

表3-2　　　　　九年义务教育全日制小学、初级中学劳动课程安排表

"五四"学制全日制小学、初级中学劳动课程安排表

课程	小学					初中				九年		合计
	一	二	三	四	五	一	二	三	四	小学 总课时	初中 总课时	
劳动			1	1	1					102		370
劳动技术						2	2	2	2		268	

"六三"学制全日制小学、初级中学劳动课程安排表

课程	小学						初中			九年		合计
	一	二	三	四	五	六	一	二	三	小学 总课时	初中 总课时	
劳动			1	1	1	1				136		336
劳动技术							2	2	2		200	

① 何东昌. 中华人民共和国重要教育文献（1976—1990）[M]. 海口：海南出版社，1998：2486-2487.

劳动技术教育是教育过程中不可缺少的部分，改革开放初期，经济建设进一步发展，劳动技术教育在全国范围得到高度重视，学校通过开设劳动技术教育课程，为国家经济建设输送了众多合格的人才。劳动技术教育能够帮助学生更好地理解和应用所学到的技术知识，提高学生未来的就业竞争力，为企业提供更多的技术型人才。通过劳动技术教育，学生的劳动意识得到培养，形成良好的劳动习惯。通过劳动技术教育，学生能够学习各种科学技术知识，比如工程学、医学、物理学等，这些学科知识有助于将科学技术转化为生产力，推动社会主义建设的发展。总体来看，从党和国家领导人在会议中对劳动教育的重视，再到政策文件颁布的"必须坚持教育为社会主义现代化建设服务，与生产劳动相结合"这一规定，既明确提出了要重视教劳结合，为进一步推进劳动教育发展提供政策保障，也表明在这一时期，劳动教育事业要明确助力现代化建设这一根本目标，力促社会发展。①

3.3　劳动教育成为全面发展教育的组成部分

以经济建设为中心的改革开放时期，我国教育进入新的发展阶段。这一时期中小学劳动教育的内涵不断丰富，实践探索也趋于多样，推动了劳动教育进入整合发展阶段。创新创造、素质教育概念的出现也为劳动教育注入新的内涵，劳动教育开始关注精神内在和综合素质的发展，成为德育的重要组成部分，并贯穿于德、智、体、美"四育"中。受教育者在劳动中得到塑造和锻炼，并在劳动中实现自身全面发展。

3.3.1　劳动教育被纳入德育范围

"五育并举"的思想，是蔡元培在南京临时政府刚刚成立时提出的，在他看来当民国成立之始，而教育家欲尽此任务，不外乎五种主义，即军国民教育②、实利主义教育、公民道德教育、世界观教育、美育教育。③他认为这五种教育相互联系、相互融合，从根本上冲破了封建礼教的束缚，转向尊重人格、重视科学新型教育思想。这五种教育思想内涵还包含着培养全面发展的人的观点，内容和

---

　　①　位涛，刘铁芳. 劳动意涵的历史演变与劳动教育的当代实践［J］. 国家教育行政学院学报，2022（3）：77-86+95.
　　②　"军国民教育"是一种教育模式，指中国固有的礼、乐、射、御、书、数这六种文武合一。但是蔡元培认为这并不是理想社会的教育，但结合当时的国家背景，为了对外实行自卫，对内反对军人的强权统治，在当时又是进步的。
　　③　高平叔. 蔡元培全集：第二卷［M］. 北京：中华书局，1984：130.

结构上涵盖了"德智体美劳"元素，并体现了"全面育人"的教育目标，这为社会主义建设时期的教育方针奠定了研究基础。

　　新中国成立之后，党和国家领导人仍然高度重视教育这一现实问题，并不断探索符合我国国情的教育之路。1952 年教育部颁布的《小学暂行规程（草案）》中明确规定在小学中实施德育、智育、体育、美育全面发展的教育。[①]随着社会经济发展，党和国家开始加强对技术人才和生产劳动的重视。1955 年，全国文化教育工作会议指出，"提高中小学教育的质量，必须贯彻全面发展的方针，注意学生的智育、德育、体育、美育，同时，要有步骤地实施基本的生产技术教育"[②]。但在社会主义建设初期，劳动教育被视为阶级斗争的工具，其发展受到一定阻碍。改革开放之后，邓小平对国际态势作出判断，认为要想实现国家现代化发展，必须依靠科学技术，依靠人才，而教育就是其中的关键，对教育质量也提出了更高的要求。

　　1978 年，《关于试行〈全日制中学暂行工作条例（试行草案）〉、〈全日制小学暂行工作条例（试行草案）〉的通知》颁布，提出在全日制中学设置劳动课程。1981 年，教育部开始在小学开设思想品德课程，劳动课程首次被纳入德育范畴，劳动教育回归人本理念。1983 年，"三个面向"的提出体现了新时期对于人才的教育培养过程要更加全面。邓小平强调："坚持教育为社会主义现代化建设服务，与生产劳动相结合，培养德、智、体等方面全面发展的社会主义事业建设者和接班人的教育方针，是学校坚定正确的政治方向的集中体现。"[③]与建设初期的教育总方针相比，"等"字更加突出了对于个体全面发展的培养方向。1986 年，国家教委主任彭珮云在中学德育大纲研讨会上的讲话中也明确提出："把德育作为德、智、体、美、劳五育全面发展的一个有机组成部分，使五育互相配合、互相渗透。"[④]正式提出"五育并举"的说法。在这之后的《全日制盲校小学教学计划（初稿）》（1987 年）《国家教委、共青团中央关于加强少年宫工作的意见》（1987 年）等一系列文件中都出现过五育并举的表述。但由于党的重大方针以及实践证明德、智、体全面发展的正确方针已被教育界、社会公众普

　　①　人民教育出版社课程教材研究所. 基础教育教材建设文献资料选编·课程计划卷（1949—2019）[M]. 北京：人民教育出版社，2020：51.
　　②　何东昌. 中华人民共和国重要教育文献（1949—1997）[M]. 海口：海南出版社，1998：330.
　　③　邓小平. 邓小平文选：第 2 卷 [M]. 北京：人民出版社，1994：106-107.
　　④　何东昌. 中华人民共和国重要教育文献（1976—1990）[M]. 海口：海南出版社，1998：2046.

遍熟悉和认同，①党中央倾向将劳动教育视为包含在广义的德、智、体教育之内的要素，因此，选择沿用德、智、体全面发展的传统说法，1995年颁发的《中华人民共和国教育法》中采用了"德、智、体等方面全面发展的社会主义接班人"的表述。

我国的国家性质决定了人才培养的根本方向，高素质人才必须具有为人民服务、乐于奉献的思想和本领，虽然在国家政策和各项方针中"五育"到"三育"的表述有所变化，但依然重视对学生的劳动教育投入。随着社会变革的不断深入，劳动教育改革必须与社会发展同步，必须培养德、智、体等方面全面发展的符合社会主义时代特征的建设者和接班人。②

3.3.2　应试教育转向素质教育

改革开放之初，劳动技术教育在学校教学中得到高度重视，劳动技术课程的实施更是强化了对学生技能的培养，进一步促进了学生对于必要的科学知识和技术知识的掌握，为社会主义建设培养了一批技术型人才，也为推动和服务社会主义现代化起到了重要作用。但在具体的劳动教育实践过程中，也产生了一定程度的"重技轻劳"现象。因此，为防止劳动教育的效果发生扭曲，1999年6月，中共中央、国务院决定进一步深化教育改革，全面推进素质教育，"应试教育"逐渐转向以人为本的素质教育，劳动教育在原有基础上增加了新的时代内涵，被作为素质教育的重要手段，劳动课程形式向综合化的方向发展。

素质教育以思想道德教育为灵魂，充分汲取了教育思想的精华，既体现了中国传统文化"经世致用"的内涵，也反映了中国教育"立德树人、德育为先"的本质和根本要求，是对中国教育根本特征的高度概括。在现代化建设初期，劳动教育更注重对技能和实践的结合。随着社会主义市场经济体制的建立，现代化建设事业进入新阶段，综合国力和国民素质也登上新的台阶，深入开展教育工作得到新的发展机会。1993年2月，《中国教育改革和发展纲要》中明确了中小学生思想道德、文化科学、劳动技能和身体心理四方面的素质要求，劳动素养成为劳动教育概念的精髓，"应试"教育逐渐转向人格和品德的综合培养，素质教育成为中国教育改革发展的战略主题和价值取向。1997年，党的十五大报告中指出："认真贯彻党的教育方针，重视受教育者素质的提高，培养德智体等全面发展的

---

①　何东昌. 中华人民共和国重要教育文献（1991—1997）[M]. 海口：海南出版社，1998：3471.
②　张天棋. 蔡元培五育并举思想及现实意义 [J]. 绍兴文理学院学报（哲学社会科学版），1997
（2）：1-5.

社会主义事业的建设者和接班人。"1999年6月，《中共中央 国务院关于深化教育改革全面推进素质教育的决定》中提出素质教育的主张，并进一步明确了全面推进素质教育的指导思想、根本宗旨、培养目标和基本策略[①]，突出劳动教育与其他各类教育的联合，强调加强德、智、体和劳动技术教育与社会实际的协调发展，使应试教育转向素质教育，培养适应未来发展的劳动人才。

3.3.3　更加关注学生综合素质的培养

社会实践活动指的是学校组织学生走出校门，以了解社会、服务社会为目的的教育活动，但是一般认为其核心价值在于助力学生的德育发展，它是学校德育的重要途径之一。[②]劳动教育作为促进人全面发展的重要载体和途径，是衔接学生与社会实践的桥梁，通过参加社会实践提升思想素质、身体素质，对于个人实现更高层次的价值目标具有重要意义。在20世纪末，中小学劳动课程被列入综合实践活动，失去其单独的课程地位；并由各学校自主决定设置劳动教育和实践活动的形式和内容。1999年，第三次全国教育工作会议通过《关于全面推进素质教育的决定》，强调劳动教育更加关注对人素质成长的教育意义，教育与劳动相结合成为实施素质教育的重要途径，被界定为社会实践方式之一；强调各类学校要加强和改进对学生的生产劳动与实践教育，扭转应试教育，从德、智、体、美、劳等方面来推动素质教育的实现，教育与劳动相结合开始更加注重劳动技术和劳动技能教育[③]。《全日制普通高级中学课程计划（试验修订稿）》（2000年），将劳动技能作为学生综合素质的重要组成部分，并要求将其应用到实际课堂教学中。

"教育与社会实践相结合"是知识经济时代背景下培养高素质人才的重要手段，也是教学内容和教学方法改革的补充和完善。一方面，教育事业要和国民经济、社会发展的要求相适应，使教育的发展和人才的培养能够满足社会的需要；另一方面，学生要在社会实践活动中巩固和运用所学的知识，丰富世界观，改造人生观，完善价值观。教育与社会实践结合的实质是脑力与体力的结合、理论与实践的结合，根本目的是培养教育对象树立劳动观点、实践观点，重视受教育者的创造性思维能力的培养方向，使受教育者得到全面发展。

---

① 赵作斌. 素质教育——中国教育的时代标帜［J］. 中国高等教育，2021（5）：33-35.
② 檀传宝. 劳动教育的概念理解——如何认识劳动教育概念的基本内涵与基本特征［J］. 中国教育学刊，2019（2）：82-84.
③ 何东昌. 中华人民共和国重要教育文献（1998—2002）［M］. 海口：海南出版社，2003：292-293.

　　劳动教育问题的实质是教育与劳动之间的关系问题，劳动教育的全部合理性根据都是建立在教育与劳动关系的历史性建构中。劳动教育是教育与劳动的过程的关系性生成[①]，一方面，劳动作为一种社会存在，劳动主体的劳动能力、基本素质以及未来的发展需要教育，人们素质越高对教育的要求就越高越细致；另一方面，劳动本身就具有强烈的现实教育意义，通过实践劳动可以实现教育目的。劳动是实现教育价值的根据，也是实现教育目标的直接途径。劳动使得"人类在改造世界的过程中获得自我实现，在产品的对象化中确证自己的力量，从而实现自身的发展"[②]。劳动实践不断发展不断变革的历史也是教育改革演进的历史。

　　总之，1978—1999年的劳动教育顺应了改革开放的历史潮流，政治功能减弱，更加注重理论与实践的结合；社会功能提升，逐步向经济效益靠近，劳动技术教育和素质教育逐渐融合发展，为社会主义现代化建设服务。通过"尊重知识，尊重人才""脑力劳动和体力劳动相结合""培养又红又专的知识分子"等教育方针，为脑力劳动正名；开设劳动技术教育课程，培养学生的劳动精神、劳动实践，使劳动教育在理论和实践上得到保证。除此之外，该阶段将劳动教育纳入德育内容，加强学生的思想品德教育，个体的劳动培养更加全面，为下一阶段的劳动教育奠定了思想理论根基和初步探索经验。

---

　　① 程从柱. 劳动教育何以促进人的自由全面发展——基于马克思主义劳动观和人的发展观的考察[J]. 南京师大学报（社会科学版），2020（3）：16-26.
　　② 梅萍. 论马克思的生命意义观对生命教育的启示[J]. 现代大学教育，2011（1）：1-5+111.

第4章

全面建设小康社会时期
（2000—2011年）的劳动教育

进入21世纪，我国进入全面建设小康社会时期，劳动教育的重要性愈发凸显。党的十六大报告强调"四个尊重"，即尊重劳动、尊重知识、尊重人才和尊重创造。2001年，国务院发布的《关于基础教育改革与发展的决定》中提出社会实践应作为劳动教育的重要构成部分，将"教育与生产劳动相结合"扩展为"教育与生产劳动和社会实践相结合"。2001年，教育部发布的《基础教育课程改革纲要（试行）》要求学校开展综合实践活动课。同时，劳动态度、劳动观念等价值目标也在劳动教育中得到加强。2007年，《国家教育事业发展"十一五"规划纲要的通知》提出通过组织学生参加各种生产劳动及公益活动，引导学生尊重及热爱劳动。2010年，《国家中长期教育改革和发展规划纲要（2010—2020年）》中提出强化劳动教育，培养学生热爱劳动及劳动人民的情感。在这一时期，社会实践成为劳动教育中至关重要的一部分，劳动教育由关注生产劳动向关注实践活动转变。劳动教育的范畴得到进一步扩展，增强了对学生劳动态度、劳动观念等方面的培养。劳动技术教育也随着经济及科学技术的飞速发展得到了更为广泛的关注。与此同时，劳动教育又在一定程度上被弱化，学校存在明显的"重智轻劳"现象，劳动教育的地位不再独立，而是变为综合实践活动的一部分。这一时期，通过提升劳动者的劳动素养促进人的全面发展，成为我国劳动教育思想的重点。

4.1 以"四个尊重"为主体丰富劳动教育发展内涵

4.1.1 "四个尊重"提出的时代背景

1977年，邓小平提出"两个尊重"，即尊重知识和尊重人才，要反对不尊重知识分子的错误思想。"两个尊重"的提出，有效地提高了人们对于知识和人才的重视程度，有助于形成良好的社会风气。

"两个尊重"思想是邓小平人才思想的核心。中国共产党一直以来都很重视人才，但在"文化大革命"时期受"左"倾错误思想的影响，人才遭到了不同程度的迫害，"知识无用"等错误言论也在社会中广为盛行。邓小平在清算了"四人帮"的罪行后，开始了一系列拨乱反正的工作，但社会上一些关于人才的错误言论对人才的积极性与创造性有较大影响。而此时我国正处于急需大量人才来建设社会主义事业的时期，这对国家发展十分不利。营造"两个尊重"的社会环境，使人才的地位和作用重新显著起来，为人才营造良好的成长环境和空间，才能推动社会主义现代化建设事业向好发展。

随着邓小平"两个尊重"思想的推动与落实，人们对于知识和人才的态度有了明显改变，尊知识重人才的社会风气逐渐形成，人才的积极性和创造性被充分调动。在知识和人才的作用下，我国在诸多领域都取得了进展和突破，众多人才在良好的社会风气下利用所学知识发光发热，真正成长为建设社会主义事业的合格接班人，促进国家发展进步。

从21世纪开始，在全面建设小康社会的新阶段，江泽民结合当时的社会实际，丰富了新时期劳动的内涵，提出了"四个尊重"，在"两个尊重"的基础上，增添了尊重劳动和尊重创造，将其明确为党的一项重要方针，进一步拓展了马克思主义劳动观的时代内涵。2002年，党的十六大报告中指出："创新是一个民族进步的灵魂，是一个国家兴旺发达的不竭动力。"同时创造性地提出"有益劳动"这一概念，明确"要尊重和保护一切有益于人民和社会的劳动"，"一切合法的劳动收入和合法的非劳动收入，都应该得到保护"，并将"尊重劳动、尊重知识、尊重人才、尊重创造"明确为党和国家的一项重大方针。①胡锦涛在2005年全国劳动模范和先进工作者表彰大会上的重要讲话中论述了"四个尊重"，进一步强调我们要全面贯彻尊重劳动、尊重知识、尊重人才、尊重创造的方针，要使热爱劳动、勤奋劳动、尊重劳动、保护劳动蔚然成风，要努力形成劳动光荣、知识崇高、人才宝贵、创造伟大的时代新风，不断增强全社会的创造活力。②从

---

① 常卫国."尊重劳动"为"四个尊重"之首——坚持弘扬马克思主义劳动价值观［J］. 人民论坛，2012（33）：78.
② 胡锦涛. 胡锦涛在2005年全国劳动模范和先进工作者表彰大会上的讲话[EB/OL].（2005-04-30）［2023-10-20］. https://www.gov.cn/ldhd/2005-04/30/content_9039.htm.

此以后，"四个尊重"写进了党的十七大、十八大报告，并在党的十九大以后写入新修订的《中国共产党章程》。

"四个尊重"具有深远的立意和丰富的内涵，充分体现了这一时期国家和民族崭新的精神面貌，对于激发全社会创造活力，加快全面建设小康社会具有重要意义。

4.1.2　"四个尊重"的内涵

"四个尊重"把劳动、知识、人才、创造联结成一个统一的整体，有其内在的认识逻辑。

4.1.2.1　"尊重劳动"：维护劳动者合法权益，增强劳动人民创造价值的动力

构建社会主义和谐社会，推进社会主义现代化建设，需要调动亿万中国人民积极性，用劳动去辛勤创造。因此，我们必须尊重劳动。从根本上讲，就是尊重人在劳动中的主体地位和其展现的创造精神，是对劳动创造价值的尊重。"尊重和保护一切有益于人民和社会的劳动，不论是体力劳动还是脑力劳动，不论是简单劳动还是复杂劳动，一切为我国社会主义现代化建设作出贡献的劳动，都是光荣的，都应当得到承认和尊重。"[1]随着社会的发展与科技的进步，劳动的范畴也不再狭窄和单一，它的内涵和外延都有了深刻的变化。由于社会分工的不同，不同劳动类型应运而生，除传统的体力劳动以外，科技型劳动、管理型劳动、服务型劳动、创新型劳动等成为新的劳动形态，这些劳动形态也逐渐成为社会运行中不可或缺的重要角色。传统劳动者、资本所有者、经营管理者之间的界线正在被逐渐打破，劳动者的身份越来越具有多重性。[2]

要尊重劳动，尊重一切有益于人民的劳动。人类的一切劳动，不管劳动的主体是谁，劳动类型是哪一种，只要是对人民和社会的发展有利的劳动，都值得给予充分的尊重和保护。因此，尊重劳动，有利于调动一切积极因素，发挥各类劳动者、各种劳动形态的创造性作用，进一步解放和发展社会生产力，推动建设社会主义和谐社会。

4.1.2.2　"尊重知识"：推进科教兴国战略，提高全民族科学文化教育水平

在知识经济时代中，科技作为第一生产力已成为影响综合国力的关键要素。

---

①　江泽民. 江泽民文选：第三卷 [M]. 北京：人民出版社，2006：540.
②　郝建国. 论贯彻"四个尊重"的重大方针 [J]. 党建研究，2003（4）：27-29.

知识是人类脑力劳动的成果，是一笔巨大的社会财富。科学技术的飞速发展，使它在生产中越来越显示出巨大作用。[①]社会主义社会要发展，要从社会主义初级阶段向高级阶段迈进，就要依靠科学、依靠知识。

社会主义现代化，关键是科学技术的现代化，是人的文化程度和科学文化素养的现代化。一个国家的综合国力以及未来的发展趋势往往取决于这个国家所拥有的知识储备的丰富程度，取决于这个国家科学技术发展的先进程度。因此，我们必须尊重知识。"尊重知识"，就不能在对待不同领域知识时厚此薄彼，既要尊重科学文化知识，也要尊重人们在生产实践活动过程中获得的经验和技能；既要尊重自然科学文化知识，也要尊重哲学社会科学知识。如果知识成果在形成之后得不到广泛的传播和学习，就不能最大程度发挥知识推动社会发展的重要作用，因此尊重知识就要重视已有知识的传播和学习，同时重视生产实践中获得经验的提炼和升华。总之，尊重知识不仅要尊重人类已有的知识成果，更要尊重产出知识成果、推动社会发展进步的人，这样有利于激发人们对知识的追求和热爱，创造出更多的知识成果，增强社会创造活力，推动人类发展。

4.1.2.3　"尊重人才"：实施人才强国战略，开发与丰富人力资源

人才是知识的产出者，是知识的载体，对科学技术的发展进步、经济社会的蓬勃向上起着至关重要的作用。比如掌握某些领域自然科学知识的科学家等，通过发明创造，推动相关领域科技进步，促进社会发展；掌握哲学社会科学的政治家等，通过思想引领、社会治理、制度建设等方面促使社会和谐向好。创造性人才在人类历史发展中起着关键作用，但在社会中属于少数群体，更多的是掌握一定知识技能的普通劳动者，他们是推动经济社会发展的中坚力量。在经济全球化不断发展的今天，各行各业都离不开科技的支撑，综合国力的竞争也越来越激烈。人才是国家发展的战略资源，人才的培养和利用，对于国家综合国力的强弱具有决定性的意义。综合国力竞争和科技水平竞争，本质上都是人才竞争，是人才资源质量高低与数量多寡的竞争。

在当代中国，我们应该最大限度地尊重人才。能否培养、吸引和凝聚各个领域的人才，尤其是高层次的创造性人才，很大程度上决定着国家未来发展的前途和命运。有了充足的人才，才能产生源源不断的知识成果，才有不断进步的发明

---

① 李桂花，张媛媛. 江泽民科技人才思想的丰富内涵［J］. 学术论坛，2011，34（9）：33-36.

创造，才有各行各业充满活力的发展向前。尊重人才，就是要尊重一切对中国特色社会主义现代化建设有利的人才，无论是高水平的稀缺人才、掌握一定知识和技能的脑力劳动者，还是普通的体力劳动者，都应该受到尊重。在知识经济时代，知识型劳动者在发展先进生产力和推动社会主义现代化建设中发挥着不可替代的作用。尊重知识型劳动者，就要尊重他们的劳动成果，尊重他们的创造性劳动，加强对知识产权的保护，提高知识型劳动者的劳动积极性与主动性。随着社会的不断发展进步，对人才的需求会越来越大，对人才的要求会越来越高，只有真正尊重各类人才，才能激发他们创造的积极性、主动性，推动其投身社会主义现代化建设，发挥其聪明才智为人类发展作出贡献。

4.1.2.4　"尊重创造"：营造有利于创造的政策环境，激发劳动主体创造活力

创造既包括科学技术领域的创造，也包括社会科学理论、社会制度、政治体制等领域的创新。科学技术方面的创造，如蒸汽、电力、信息技术等发明创造，直接对生产力发展和人类社会进步起到重大推动作用；而社会理论、制度的创新，则对社会变革、历史发展、文明进步同样作用显著。[1]人类社会发展史，就是不断进行发明创造的历史，创造带来变革，变革推动发展。在科技高速发展的当今时代，创造力是一个国家、一个民族赖以生存和发展的基础，创造力也已成为综合国力竞争的关键。

"尊重创造"，就是要尊重一切对人类社会发展有利的创造，既要尊重物质财富方面的创造，如新工艺、新技术、新方法，也要尊重精神财富方面的创造，如新理论、新思想、新观念，还要尊重社会环境中的新制度、新体制、新机制；既要尊重能够带来重大变革的发明创造，如科学技术上的重大突破或进展，也要尊重一般的劳动创造，如行业内的技术革新等。尊重创造有利于激发各行各业劳动者的积极性和主动性，使一切有利于社会进步的创造愿望得到尊重，创造活动得到支持，创造才能得到发挥，创造成果得到肯定。

要大力弘扬敢于创造的时代新风，让一切创造的源泉充分迸发涌流。激发劳动者勇于创造的首要条件就是扫清影响劳动者创造力发挥的各项阻碍，尤其是各种体制性障碍，逐步形成与社会发展现状相适应的思想观念和创新创业机制，使

---

① 黄中平. 正确认识和把握"四个尊重"的方针［J］. 求是，2005（4）：29–31.

广大有创造能力的劳动者充分发挥自身能量，尊重他们的创造意愿，支持他们的创造活动。只有这样，社会中的创造活力才能真正得到发挥，创造成果才能最大限度推动社会进步。

4.1.3　"四个尊重"的核心及其内在联系

"四个尊重"的核心是尊重劳动。劳动是一个人价值的实现过程，知识是价值实现的工具，人才是对人的最重要的价值肯定，创造是价值实现的途径。"四个尊重"的本质是尊重人的价值。[①]

在科学技术飞速发展的时代，创新创造的重要性日渐凸显，它为劳动提供源源不断的动力，而劳动则能够将创造转化为具体的生产力，两者密不可分。对人才的尊重，除去为脑力劳动者正名的内涵，更多是让人平等地看待脑力劳动者与体力劳动者、简单劳动与复杂劳动等，强调只要是对社会发展有益的劳动我们都应该尊重。[②]对知识的尊重是最基本的，它为劳动打下了坚实的基础。归根结底，对知识、人才及创造的尊重，最终目的都是更好地实现对劳动的尊重。[③]

以高新技术及其产业为基础的知识经济正迅速兴起，世界经济发展的动力已从主要依靠物理资本转向人力资本，人才成为最宝贵的资源，创造性劳动成为劳动的重要形式，进而脑力劳动的作用越来越凸显，高素质人才也成为各国争抢的对象。只有尊重人才，才能充分发挥广大劳动人民的智慧与才干，才能将众多劳动者的未来发展与国家的前途命运紧密相连。要实现中华民族伟大复兴的奋斗目标，迫切需要各行各业人才共同努力，迫切需要提高劳动者的整体素质。

"四个尊重"的提出具有重大的现实意义，充分反映了时代精神。我们要深入学习贯彻党的最新思想，执行"四个尊重"的重大方针，大力实施人才强国、科教兴国战略，做好人才的培养、吸引和利用，使各类优秀人才大量涌现，积极投入到社会建设中来。我国人口规模庞大，应做好人才相关工作，将人力资源的潜在优势转化为现实的人才优势，还应尊重知识，鼓励创造，在整个社会中营造出尊重劳动的良好风气。只有做到"四个尊重"，社会资源才能充分流动，社会环境才会和谐友好，社会发展才能蓬勃向前。

①　赵林，马承伦，李道强．"四个尊重"的核心和本质［J］．思想政治工作研究，2003（6）：46.
②　常卫国．"尊重劳动"为"四个尊重"之首——坚持弘扬马克思主义劳动价值观［J］．人民论坛，2012（33）：78.
③　孔云峰．论"四个尊重"的价值意蕴及实现［J］．兵团党校学报，2005（5）：16-19.

4.2　综合育人理念下推进教育改革与发展

进入 21 世纪以后，对知识和人才的尊重融合进了教育发展中，劳动教育被列入综合实践活动，这更加能够体现以人为本的内在人文价值，劳动情感也可以通过相关内容进行整合塑造，进而丰富精神世界。因此，要全面推进学生自主参与社会综合性实践，培养其独立意识，帮助其认知劳动创造的乐趣与重要性。[①]

4.2.1　劳动教育被列入综合实践活动

进入 21 世纪以来，国家越来越重视通过课程的整合或开设综合性课程促进学生的全面发展。2001 年 5 月，《国务院关于基础教育改革与发展的决定》（以下简称《决定》）发布，赋予了劳动教育愈加丰富的内涵与要求，劳动教育迈入整合发展的时代。同年 6 月，教育部颁布了《基础教育课程改革纲要（试行）》（以下简称《纲要》）等一系列政策文件。自此，我国正式启动了新一轮基础教育课程改革。

《决定》中将"坚持教育必须为社会主义现代化建设服务，为人民服务，必须与生产劳动和社会实践相结合，培养德智体美等全面发展的社会主义事业建设者和接班人"作为 21 世纪基础教育改革与发展的基本方针。同时提出："加强劳动教育，积极组织中小学生参加力所能及的社会公益劳动，培养学生热爱劳动、热爱劳动人民的情感，掌握一定的劳动技能。"把教育"与生产劳动相结合"扩展为"与生产劳动和社会实践相结合"。由此，劳动教育由单独设科正式转向综合实践活动课程这一多元的实施方式。《纲要》阐明，全国中小学普遍设置综合实践活动必修课程，主要包括：信息技术教育、研究性学习、社区服务、社会实践以及劳动与技术教育，强调"学生通过实践，增强探究和创新意识，学习科学研究的方法，发展综合运用知识的能力。增进学校与社会的密切联系，培养学生的社会责任感。在课程的实施过程中，加强信息技术教育，培养学生利用信息技术的意识和能力。了解必要的通用技术和职业分工，形成初步技术能力"[②]。同时，要求城市普通中学逐步开设职业技术课程，农村中学试行通过"绿色证书"教育及其他技术培训获得"双证"的做法。[③]

　　① 张雨强，张书宁. 新中国成立 70 年劳动教育的历史演变——基于教育政策学的视角［J］. 中国教育学刊，2019（10）：61-67.
　　② 教育部关于印发《基础教育课程改革纲要（试行）》的通知［EB/OL］.（2001-06-08）［2023-10-20］. http://www.moe.gov.cn/srcsite/A26/jcj_kcjcgh/200106/t20010608_167343.html.
　　③ 何东昌. 中华人民共和国重要教育文献（1998—2002）［M］. 海口：海南出版社，2003：908.

综合实践活动意在通过活动、实践来挖掘学生的创新能力，是一门为回应时代发展而设置的必修课，一改传统的教学模式，强调在综合实践活动中提高学生适应社会的能力，培养学生适应社会发展的素质。综合实践活动的设置充分发挥了实践性和学科性相结合的优势，为传统的劳动教育带来更丰富完善的补充，实现了劳动教育发展的新跨越。

在这一时期，劳动教育实施的最大特点就是失去了单独的课程地位。以往的基础教育中劳动课和劳动技术课等是独立开设的，这一时期虽然名为"劳动技术教育"，但在实际开设时被列入综合实践活动，是综合实践活动的一部分，课时调整为每学年一周，主要以综合社会实践和倚重德育的形式开展。综合实践活动课程和通用技术课程成为劳动教育在教育教学活动中的主要表现形式。劳动技术教育是依照国家相关规定，由地方和学校开设的课程，各地的教育主管部门及各学校在该课程的开发、规划、组织等方面都有自身的考量，这导致不同学校开设的劳动技术教育课程也各有不同。2000年12月14日，中共中央办公厅、国务院办公厅发布《关于适应新形势进一步加强和改进中小学德育工作的意见》，规定"社会实践活动包括社会调查、生产实习、军事训练、公益劳动、社区服务、科技文化活动、志愿者活动、勤工俭学等多种形式"，"社会实践活动总时间，初中学生一般每学年不少于20天，普通高中学生一般每学年不少于30天"[①]。此外，在2004年修订发布的《中小学生守则》和《小学生日常行为规范》中，对于中小学生养成良好的劳动行为习惯再次进行了确认和强调，《中小学生守则》（2004年3月25日修订，2004年9月1日起执行）第6条明确规定："积极参加劳动，勤俭朴素，自己能做的事自己做。"《小学生日常行为规范》（修订）第9、14、16条中要求，"自己能做的事自己做，衣物用品摆放整齐，学会收拾房间、洗衣服、洗餐具等家务劳动"，"认真做值日"，"积极参加学校组织的各种劳动和社会实践，多观察，勤动手"。《中学生日常行为规范》（修订）规定，"积极参加生产劳动和社会实践，积极参加学校组织的其他活动，遵守活动的要求和规定"，"认真值日"，"学会料理个人生活，自己的衣物用品收放整齐"，"体贴帮助父母长辈，主动承担力所能及的家务劳动，关心照顾弟兄姐妹"。《中小学生守则》从全局和整体的角度着手，对中小学生热爱劳动思想的形成和积极参加劳动习惯的养成提

---

① 中共中央办公厅，国务院办公厅.关于适应新形势进一步加强和改进中小学德育工作的意见[EB/OL]. (2000-12-14) [2023-10-20]. https://www.gov.cn/gongbao/content/2001/content_61240.htm.

出了基本要求；《中小学生行为规范》则从小处着眼，对中小学生的劳动行为习惯提出具体的、可操作的要求。

4.2.2　加强劳动技术教育，推动劳动教育为人民服务

2004年8月，在《关于进一步加强和改进大学生思想政治教育的意见》（以下简称《意见》）中，将学生参加生产劳动列为社会实践开展的重要内容，以此培养大学生的劳动观念。《意见》指出："积极探索和建立社会实践与专业学习相结合、与服务社会相结合、与勤工助学相结合、与择业就业相结合、与创新创业相结合的管理体制。认真组织大学生参加军政训练、社会调查、生产劳动、志愿服务、公益活动、科技发明和勤工助学等社会实践活动。"

2005年3月，在教育部印发的《高等学校学生行为准则》中，将"热爱劳动，珍惜他人和社会劳动成果"作为高等学校学生行为准则之一，从高校学生行为准则层面强调对学生劳动观念和劳动行为的塑造，推动学生形成良好的劳动道德品质与正确的劳动行为习惯。

2007年5月，在《国家教育事业发展"十一五"规划纲要》中，指出"增强学生热爱劳动和尊重劳动的观念，树立艰苦奋斗的精神"，在宏观教育政策层面强调培养学生的劳动观点和劳动精神，促进学生在劳动实践过程中树立正确的劳动价值观念。"深化教育教学改革，将生产劳动和公益活动作为学生综合实践活动的一部分"，此时劳动教育从一门独立的学科转变为综合实践活动的一部分，其课程地位逐渐弱化。[①]同年，教育部印发的《国家九年义务教育课程综合实践活动指导纲要》对劳动与技术教育板块的目标、内容和实施等方面进行了具体规定，主张学生参加实践活动，了解必要的通用技术和职业分工，培养学生的劳动素养和观念，形成良好的劳动意识，具备基础的劳动技能，为未来发展做应有的准备。

教育为人民服务，落实课程价值整合。劳动教育以培养个人观念与能力为根本方向，以人为本重视劳动价值和劳动者的主体意识。引导学生积极参与劳动生产活动，培养学生艰苦朴素的劳动精神和劳动素养，引导学生树立人本意识，增强自我认同感与角色认知，注重对学生创造性、开放性劳动价值观的培养，唤醒个体劳动意识的内在自觉，推动劳动价值的自主构建，实现劳动教育为人民

① 张妍，曲铁华. 劳动教育政策70年：演进、嬗变特点与实践路径 [J]. 教育学术月刊，2020（9）：42-49.

服务。

这一时期劳动教育的单独课程地位被取消，以劳动技术教育的形态纳入综合实践活动中，在形式上保留了劳动教育及技术教育以往的课程形态，在内容上综合了社会实践、生产劳动和科学技术等部分，一方面对学生进行劳动思想和观念的教育，另一方面对学生进行科学技术知识的教育，提高学生综合素质。这一时期的劳动教育不再是独立的一类课程，而是转变为综合素质的一部分。劳动教育的地位变为综合实践活动和高考改革内容的一部分。劳动教育开始成为培养学生综合素质的重要组成部分。①

4.2.3　注重劳动情感教育，增强对劳动者的人文关怀

2010年，中共中央、国务院印发的《国家中长期教育改革和发展规划纲要（2010—2020年）》（以下简称《纲要》）指出，教育与社会实践、生产劳动相结合，培养学生热爱劳动、热爱劳动人民的真挚情感，并融入了新时期国家教育改革的发展当中，明确提出加强劳动教育是坚持以人为本，全面实施素质教育是教育改革发展的战略主题的关键一步。

《纲要》进一步从宏观层面对劳动教育的实施和开展制定方向性的规定，对劳动教育的发展作出重要引导。同时，营造出推动劳动教育顺利实施的教育环境和社会环境，加强对学生劳动情感的教育和培养，劳动教育进一步由理念转变为具体行动。这一时期虽然没有把"劳"单独作为育人目标提出，但也强调要将生产劳动和社会实践贯穿到教书育人的过程中，实现对学生"劳"这一品质的培养。这一时期主要是大力营造劳动教育与社会实践紧密相连，培养学生综合素质，促进其全面发展，培养学生热爱劳动、热爱劳动人民的情感，通过劳动教育促使学生将道德理念转化为实际行动。

2010年，胡锦涛提出"完善劳动保护机制，实现体面劳动"②。早在2008年1月7日，胡锦涛在"2008经济全球化与工会"国际论坛开幕式的致辞中就指出，"让各国广大劳动者实现体面劳动是以人为本的要求，是时代精神的体现，也是尊重和保障人权的重要内容"。这表明了我国政府对实现劳动者体面劳动的态度与决心。

---

① 陈静，黄忠敬. 从"体力教育"到"能力教育"——我国劳动教育政策的发展与变迁［J］. 中国德育，2015（16）：33–38.
② 胡锦涛.胡锦涛在全国劳模和先进工作者表彰大会上的讲话［EB/OL］.［2010-04-27］. https://www.gov.cn/ldhd/2010-04/27/content_1593951.htm.

体面劳动是在劳动教育研究领域的重大创新，更深层次剖析了劳动问题、劳动性质以及劳动方式的转变，也是科学发展观重要思想中的一部分。[①]科学发展观的核心是以人为本，体面劳动正是对这个核心的更深入解读。这说明党和国家关注劳动，关心劳动人民的生活和情感，努力使劳动人民在劳动谋得生存的同时感受到足够的尊重，为劳动人民提供自由、公平、有温度的劳动环境，有关部门合理合法地保障劳动人民的劳动所得。[②]无论是体力劳动者还是脑力劳动者，其劳动成果都是为社会的进步发展做贡献，社会的进步、科技的发展又能为劳动者提供更公平合理的劳动环境，促进劳动者在劳动中收获幸福生活。劳动者的各项权益逐渐完善、幸福指数不断提高，又会促使劳动者更加自愿地为我国的社会主义现代化建设服务，国家的发展进步依靠广大劳动者的付出奉献，这样就会在社会上形成尊重劳动、体面劳动的良好风气，形成良性循环。

4.3 全面建设小康社会时期劳动教育的开展模式

4.3.1 将劳动教育与技术课程相结合

2007年教育部颁布的《国家九年义务教育课程综合实践活动指导纲要》主张学生学习必要的通用技术，具备基础的劳动技能，因此在这一时期很多中学都在日常的劳动教育中加入了技术课程，培养学生的劳动素养，使学生在学到技术的同时形成良好的劳动意识，为未来发展做应有的准备。例如，北京师范大学天津附属中学采用与技术课程相结合的方式开展劳动教育，取得了良好成效。

北京师范大学天津附属中学坚持贯彻教育与生产劳动相结合的方针，坚持校内校外相结合、劳动教育与技术课程相结合，保证多途径实施劳动技术教育，形成"坚持劳动教育，实现全面育人"的办学特色。[③]该校在日常教学中开设规范的劳动技术课和通用技术课程，为确保教育的连贯性，构建了初高中相衔接的劳技教育课程体系。针对初中阶段学生，在七至九年级，学校根据学生特点，开设多个项目的劳动技术课程。七年级学生的劳动技术课以家庭劳动技能为主，教会学生基本的生活技能，同时在教育过程中提倡校内校外相结合。针对八年级学生，主要开展的内容包括学校内各项劳动，如清洁校园等，也包括部分社会劳动教育。九年级注重劳动教育与劳动技术课教学相结合，为确保课程安全有效，学

① 程天权. 科学发展观研究［M］. 北京：中国人民大学出版社，2009：121.
② 陈静媛. 我国体面劳动的现状及完善措施［J］. 青海社会科学，2010（5）：182-186.
③ 易春秋. 建国十七年中学思想政治教育研究［D］. 北京：中共中央党校，2005.

校劳动技术中心特意开放了技术实践教室，为学生提供规范、安全的动手实践环境和条件。高中开设通用技术课程，组织学生选修具体技术领域课程，进而对学生开展职业生涯规划教育，使学生具备一定的劳动基础。

该校在劳动教育中突出技术教育的引领作用，不断强化学生的动手能力、自理自立意识、劳动观念、创新精神和实践能力。[①]同时，学校会时时巩固学生已经学习的技能，为学生创造劳动的机会，使得劳动技术课程的成果能够切实应用到学生的生活当中。由于在劳动技术课中掌握了一定的劳动技能，学生的劳动意愿更加强烈，在劳动中提升了学生的自信心、成就感，培养了学生的劳动意识与爱家爱校爱社会的朴素情感。此外，该校相关课程以国家课程、校本课程、拓展课程三个层面分层递进，初中阶段突出以项目为中心的思路，高中阶段以"技术设计"为核心内容。并以提升学生综合素养为目的，以技术、艺术素养的培养为"龙头"，以特色的教师队伍建设为关键，以硬件建设和资金投入为保障，以多样化的活动为渠道，以为学生的终身发展奠基为宗旨，做到了劳动教育与技术教育相结合。

4.3.2 将劳动教育与专业教学相结合

针对特色院校，抓住学科特点，将劳动教育与专业教学相结合也是这一时期劳动教育的重大突破和进展。例如，河北农业大学园艺系在劳动教育中充分融入专业教学，形成了极富专业特色的劳动教育模式。该系充分利用学科优势，将专业教育与劳动教育紧密结合起来，建立了6个教学、生产、科研三结合基地，其目的是利用基地场所、技术和劳动条件，为学生教学实习、生产实习、社会实践等提供广阔天地，为学生成才创造一个良好的劳动环境。[②]该系在基地建设时充分考虑劳动教育的需要，使学生在学习实践时积极参加劳动，接受劳动教育。园艺劳动较为辛苦，该系在日常的学习劳动中不断磨炼学生吃苦耐劳的品格，培养学生的劳动意识，在这里同学们的人生观、价值观、劳动观得到了升华，自身素质得到了全面提高。

在积极创造良好劳动环境的同时，该系还完善了劳动制度，以保障劳动教育的顺利实施。该系把生产实习、教学实习、专业劳动作为一门必修课，列入课程表中，规定了成绩等级，严明了劳动纪律。为保证劳动教育在专业教学中顺利开

---

① 刘君. 各地加强中小学劳动教育经验摘登［N］. 中国教育报, 2015-08-06（2）.
② 赵玉靖, 李明, 张国林, 等. 河北农业大学园艺学科十年建设成就回顾与展望［J］. 河北农业大学学报（农林教育版）, 2012（5）: 68-71.

展，该系把劳动理论教育作为大学生思想政治教育的重要内容，每次的大型劳动、生产实习、教学实习都请系领导做动员，阐明教育和生产劳动相结合的意义，有目的、有计划地进行劳动观念、劳动态度、劳动纪律等系列教育，提高他们对劳动的认识程度。在劳动过程中，有些任务（如建标本园的任务）的劳动强度是空前的，并且要牺牲同学们的休息时间完成，任务一下达，一部分同学不理解甚至有些抱怨，认为这些劳动都是自己的额外负担。针对这一思想状况，该系及时召开年级会和班干部会，讲明本次劳动的目的和意义是更好地建设教学实习基地，保存果树种质资源，对学生进行劳动理念的深入教育。经过思想教育，同学们端正了劳动态度，严肃了劳动纪律，积极主动参加劳动，圆满完成了标本园的建立任务。

通过劳动教育与专业教育相结合的教育模式，该系取得了良好的培养结果。经过大学四年的培养，学生们树立了正确的劳动观念，在提高专业能力的同时深刻理解了劳动的价值和意义，将正确的理念转化为实际行动，在学习和工作中不断增长知识本领，为建设祖国而艰苦奋斗。

4.3.3　将劳动教育与德育相结合

2010 年《纲要》指出，要培养学生热爱劳动、热爱劳动人民的真挚情感，培养学生综合素质。在这一时期虽然没有把"劳"单独作为育人目标提出，但强调劳动教育应与德育紧密结合，通过德育更好地实现劳动教育的目标。例如，遵义师范学院在劳动教育与德育结合方面取得了良好效果。该校 2001 年升为本科院校以来，学校党委高度重视劳动教育，决定把劳动课程纳入教学计划，要求在校生平均每学年集中参加为期一周的劳动学习，其成绩记入学籍。劳动教育的考评成绩与学生德育紧密结合，学校制定了劳动课程的内容、方法和考核细则，把劳动教育课程与学生德智体综合测评、奖学金发放挂钩，并记入学生的成绩档案。[①]学校团委根据不同年级、不同专业学生的学习特点，为全校学生安排不同的劳动课程，负责全校劳动课程的规划和具体实施。每学期，团委制定详细的劳动计划并由各团总支负责落实。班主任担任每个班级的德育导师，负责对学生进行上岗前的思想动员和教育指导，在劳动教育中对学生进行及时、正确的道德教育，确保劳动教育的课程效果，提升学生的综合素质。为保证劳动教育课程顺利

---

① 余家鹏. 遵义师范学院大学生劳动教育实践与探索 [J]. 遵义师范学院学报，2009（4）：68-70.

进行，还会由班干部把全班同学分成若干小组，每组根据实际情况完成相应的劳动任务。在这个过程中，学生不仅能够树立正确的劳动观念，还能锻炼组织能力和沟通能力，对自身成长大有帮助。同时，该校设有监督机制，由学校文明监督队及课程教师对学生的劳动课程表现进行评分，评分依据分别为劳动态度、劳动技能、劳动结果等，用德育引领、评分导向，来培养学生的劳动品格。

为丰富劳动教育课程内容，提高劳动课程对学生的吸引力，该校开辟了校园劳动教育和社会劳动教育两个重要途径。在德育的引领下，学生爱校爱国的热情日益高涨，努力通过切身劳动来为社会做贡献。学校注重引导学生走出校门，在社会中学习，在实践中学习，将劳动理论知识和劳动教育社会实践相结合。①例如，鼓励学生积极参加社区公益劳动，在具体的活动过程中，重点做好两个工程。一是"居家养老"工程，大学生在课余时间，到附近社区陪伴照顾空巢老人，陪老人们聊天，为老人们做家务，给他们带来温暖和感动；二是"四点半"工程，大学生根据自己的学习时间安排来到学校附近社区，从下午四点半到六点钟的这一段时间，看管因家长上班、务工、经商没有时间照管的学生，解决了家长的实际困难，深受学生家长的欢迎。这些劳动教育既培养了大学生的社会责任感，又为共建和谐、平安社区贡献了自己的力量。

综上，2000—2011年的劳动教育符合全面建设小康社会时期的社会环境和发展方向，不再只是对学生的劳动技能和劳动习惯进行培养，更加强了对学生思想观念和精神世界的塑造，劳动教育的内涵越来越全面，人格的培养机制也越来越健全。然而，该时期的劳动教育发展仍存在教育内容不完善、教育方法不恰当等问题，亟须在下一历史阶段得到优化和完善。

---

① 李国士. 遵义师范学院校史中若干史实的考证 [J]. 遵义师范学院学报，2008（5）：5-10.

第 5 章

中国特色社会主义新时代
（2012年至今）对劳动教育的新拓展

　　党的十八大以来，以习近平同志为核心的党中央更加重视劳动的作用，明确劳动是推动人类社会进步的根本力量。基于此背景，中国共产党对劳动教育的内容进行了拓展。首先，明确通过价值引领确立新时代劳动教育思想方向，强调劳动价值观与新时代的契合性，鼓励人们立足新时代，树立正确的劳动价值观；其次，明确新时代劳动教育的制度及制度性建构应以法律为基础，同时加强劳动教育在学校层面的制度建设；最后，明确以长效机制永葆新时代劳动教育活力，致力于完善新时代劳动教育的保障机制，同时健全新时代高校劳动教育管理机制和运行机制。

5.1　以价值引领确立新时代劳动教育思想方向

5.1.1　劳动价值观与新时代的契合性

　　劳动是人类存在的方式，除了满足人的自然需求外，还有助于推动个体全面自由的发展。新时代劳动价值观与人的全面发展的目标、人才的培养需要与党的思想方针高度契合，表现在以下几个方面。

5.1.1.1　劳动价值观契合人的全面发展的目标

　　一方面，人的全面发展依赖于劳动。人的全面发展是指人的社会交往的普遍性和人对社会关系控制程度的发展。在人与自然、社会的统一上表现为人基于各种综合素质进行的全面发展。当然，人能全面发展必须基于现实社会基础，而只有劳动能巩固社会现实基础，因此人的发展必须通过劳动实现，也只有劳动能体现人的全面发展。

另一方面，马克思认为，"全部人的活动迄今为止都是劳动"①，人的自由全面的发展要以劳动能力为基础。劳动能够促进人的进步，而劳动能力的提高则依赖于劳动价值观的完善。教育是传播知识的中介，是以可视的形式将劳动人民的智慧进行的世代累积。以劳动教育为手段，对这些可视的智慧结晶进行传播，可以帮助人们学习专业知识，掌握劳动技能，进而促进自身价值的实现。

5.1.1.2　劳动价值观符合新时代人才培养的要求

价值观是基于人的一定的思维感官之上，对事物进行认知、理解、判断或抉择的行为。价值观正确与否关系到人的行动的对与错，而劳动价值观则更容易影响人的实践能力。劳动作为人类最基本的活动，决定了价值观的形成，而劳动教育则具有鲜明的实践性特征。以劳动价值观为基础，营造良好的社会氛围，有利于新时代的人才培养。

一方面，劳动价值观在当今社会具有重要地位。我国通过建立生产资料的社会主义公有制，确立了劳动者的主人翁地位，激发了劳动者的积极性、主动性和创造性，最终将广大劳动者的智慧和力量凝聚到中国特色社会主义事业建设上。如今，在新时代背景下，我国各项事业迅猛发展，拥有了诸多成就，这些都与劳动价值观密不可分。因此，要正确认识劳动价值观教育在我国教育事业中的重要地位。劳动教育事关治国理政、强国富民、立德树人，劳动价值观正确与否影响着社会的和谐稳定，劳动价值观的构建是中国共产党长期执政的重要基础，也是社会长治久安的重要支柱。

另一方面，劳动价值观是新时代人才培养的重要桥梁。新时代背景下，马克思主义劳动观、劳动价值观推动了我国人才培养模式的调整与改革。我国开始注重全面推进素质教育、加快补齐劳动教育短板、实现"五育"并举，致力于培养担当民族复兴大任的时代新人。新一代青年作为国家新生力量，对其进行劳动教育十分必要，有利于帮助其更好地理解劳动，适应社会生活，明确自身发展方向。引导其建立正确的劳动价值观念，将优秀的劳动精神渗透到日常行为中，有利于提高青年群体的劳动素养，同时帮助其更好地掌握专业技能，不断汲取新知识，保证工作质量，进而培养出新时代所需要的复合型人才。

---

① 马克思，恩格斯.马克思恩格斯文集：第1卷［M］.中共中央马克思恩格斯列宁斯大林著作编译局，译.北京：人民出版社，2009.

5.1.1.3　劳动价值观与党的思想具有一致性

一方面，中国共产党始终坚持教育与劳动相结合的方针。20世纪90年代，"教育必须与生产劳动相结合"被写进了《中华人民共和国教育法》，并在2015年的修订稿中保留了该提法。随着社会的发展，国民教育的首要任务转为全面提高人民素质[①]。习近平总书记在全国教育大会上强调，应努力建立身心全面发展的教育体系，建立更好的人才培养体系。2019年3月，习近平总书记提出："扎根中国大地办教育，同生产劳动和社会实践相结合，加快推进教育现代化、建设教育强国、办好人民满意的教育。"[②]这些重要论述体现了中国共产党对劳动教育的重视程度。高举劳动教育的旗帜，以培养新时代人才为目标，为新时代劳动教育的发展指明了方向。

另一方面，劳动是中国共产党人保持政治本色的重要途径。保持党的先进性和纯洁性是中国共产党在革命、建设和改革时期必须面对的根本问题，也是党在改革开放和现代化建设过程中承担风险和总结经验的重要手段。习近平总书记指出，广大党员和国家工作人员要带头弘扬劳动精神，加强与劳动人民的联系，在各自的岗位上努力工作、积极进取[③]。只有这样才能保持党和人民的持久联系，全心全意为人民服务，进而做到保持党的先进性、纯洁性。

5.1.2　新时代背景下劳动的价值

5.1.2.1　劳动促进自我价值的实现

习近平总书记指出，"一切劳动者，只要肯学肯干肯钻研，练就一身真本领，掌握一手好技术，就能立足岗位成长成才，就都能在劳动中发现广阔的天地，在劳动中体现价值、展现风采、感受快乐"[④]。劳动不再只是谋生手段，劳动者可以在各行各业用奋斗的姿态追寻更好的自己，成为新时代一道靓丽的风景。

一方面，劳动教育的核心是培养劳动价值观。习近平总书记强调，"无论什么时候，我们都要坚守在中国大地上形成和发展起来的社会主义核心价值

---

① 邵晓枫，廖其发. 中国共产党百年教育方针的重大论争［J］. 西南大学学报（社会科学版），2022（5）：120-131.

② 中央宣传部，中央党史和文献研究院，中国外文局. 习近平谈治国理政：第三卷［M］. 北京：外文出版社，2020：328.

③ 新华社. 习近平在乌鲁木齐接见劳动模范和先进工作者、先进人物代表向全国广大劳动者致以"五一"节问候［N］. 人民日报，2014-05-01（1）.

④ 习近平. 在庆祝"五一"国际劳动节暨表彰全国劳动模范和先进工作者大会上的讲话［N］. 人民日报，2015-04-29（2）.

观"①。尽管这是面向广大青年的叮嘱，但对于劳动者仍具有指导意义。不论何种身份，都要从身边的小事做起，将社会主义核心价值观融入日常生活，真正明白劳动的价值。首先，劳动有助于爱国价值观的塑造。劳动者在相关政策中可以直观地感受到党和国家"以人民为中心"的发展思想，感受到惠民政策带来的福利，这些政策和福利能够极大提升劳动者的荣誉感、幸福感，劳动者也能进一步加深对党和国家的热爱。其次，劳动有助于敬业价值观的塑造。敬业价值观的形成离不开实践，只有躬身于具体活动，劳动者才能真正做到爱岗敬业，进而形成对事业的热爱与敬畏。最后，劳动有助于诚信价值观的塑造。不论劳动者从事何种工作，都离不开诚信二字，劳动者注重诚信，国家加大对诚信的褒奖力度，有利于规范劳动者的行为，形成诚信社会的氛围。

另一方面，劳动教育有利于实现自我价值。人只有通过具体劳动实践才能最大限度地展现自身的能力，实现价值和梦想。人类的价值观是双重的，包括自我价值和社会价值，而劳动实践是联系二者的中介，个人价值的实现离不开劳动实践，这是社会存在、发展的必然要求，关乎社会的前途命运。因此，想要创造有价值的人生，就要树立正确的劳动观，脚踏实地地通过劳动来实现梦想，以积极态度投身国家建设，实现自我价值的同时，为中华民族伟大复兴不懈奋斗。

5.1.2.2 劳动推动人类文明进步

劳动在人类长期发展中起着至关重要的作用。通过劳动，人可以在恶劣条件下生存，且逐渐富足，劳动已成为人类进步的重要手段。人类文明的进步离不开劳动的助推，习近平总书记强调"人间万事出艰辛，越是美好的未来，越需要我们付出艰辛努力"②。持续劳动才能最大限度挖掘人的潜力，进而促进世界文明的辉煌。

一方面，劳动是推动人类文明发展的不竭动力。党的十八大以来，习近平总书记多次深刻阐释劳动对于人类文明向前发展的重要意义，强调劳动是推动人类社会进步的根本力量。首先，劳动是被动的，是人类生存的必要活动。基本需要被满足后，为了更高层次的需要，人类开始改造社会，人类独特的主观能动性开始展现。人类越积极改造世界，人类文明的发展路径就会越明晰。其次，从被动到主动的转变也体现了人类的进步。人类对劳动的依赖转化为主动需要，随着这

---

① 习近平. 青年要自觉践行社会主义核心价值观［N］. 人民日报，2014-05-05（2）.
② 习近平. 在同全国劳动模范代表座谈时的讲话［N］. 人民日报，2013-04-29（2）.

种转变，社会组织、机制逐步完善，人对物质文化的需求也开始增长，为解决与落后的社会生产、与不平衡不充分的发展之间的矛盾，开始注重提高生产力来满足人民不断更新的需要。

另一方面，劳动是创造人类文明成果的重要依托。习近平总书记强调，"昨天，劳动创造了中华民族的辉煌历史；今天，劳动让我们坚实行进在实现中国梦的征程；明天，我们也必将用劳动，创造出中华民族更光明的未来"①。劳动是中华民族日益强大的推力之一，只有劳动才能满足人们物质文明和精神文明的需要。物质文明在满足人类自身需要中日益丰富，文明的灿烂辉煌也是劳动在发挥着作用，灿烂的精神文明是社会进步的标志，也是物质文明得以发展的必要条件。"劳动是人类的本质活动，劳动光荣、创造伟大是对人类文明进步规律的重要诠释"②。可见，为了丰富人类文明成果，必须依托劳动。

5.1.2.3　劳动为中国梦注入动力

习近平总书记在参观《复兴之路》展览时首次提出"中国梦"，强调"实现中华民族伟大复兴，就是中华民族近代以来最伟大的梦想"③。劳动使中华民族拥有辉煌的过去，也必将创造美好的未来④。站在崭新时代下，中国梦的实现需要依靠人民辛勤的劳动和各族人民的艰苦奋斗。只有将个人前途与国家前途并为一路，才能促进党和国家事业的快速发展，从而为中华民族的伟大复兴作出贡献。

一方面，劳动是实现国家富强的动力源泉。国家富强是中国梦的实现基础，而劳动是实现国家富强的动力源泉。过去的中国积贫积弱，经验教训警示国家富强才能国泰民安。一个国家、一个民族，只有坚持劳动才有能力捍卫自身利益。为实现亿万民众心中的中国梦，党的十九大报告为全面建成社会主义现代化强国制定了时间表和路线图。

另一方面，劳动是实现民族振兴的必要手段。民族振兴是中国梦之一，而劳动是实现民族振兴的必要手段。只有通过劳动才能取得丰硕的成果，才能提升国家综合实力。劳动可以改变命运，大到人类命运，中到国家和民族命运，小到个

---

① 本报评论员. 激发亿万人民的劳动热情——三论学习贯彻习近平4月28日重要讲话［N］. 人民日报，2013-05-06（1）.
② 习近平. 在庆祝"五一"国际劳动节暨表彰全国劳动模范和先进工作者大会上的讲话［N］. 人民日报，2015-04-29（2）.
③ 杨凯. 实干让"中国梦"更美丽［N］. 人民日报海外版，2012-11-30（1）.
④ 习近平. 在同全国劳动模范代表座谈时的讲话［N］. 人民日报，2013-04-29（2）.

人命运，都受劳动影响。发达国家几百年完成的工业化进程，我国只用了几十年，创造出的奇迹离不开中国人民辛勤的劳动。中国崛起、民族振兴涵盖广泛，但每一项都与劳动息息相关。

5.1.3 新时代下树立正确的劳动价值观

如今全面建成小康社会的伟大目标已然实现，更高质量的生活已经成为新的目标。而当下民众拥有较好的物质条件和社会环境，容易出现懈怠情绪，因此，帮助其树立正确的劳动价值观十分必要。首先，要通过劳动教育，帮助各个群体加深对劳动的充分认识。其次，要通过劳动教育，让民众认识到劳动是社会发展的基本力量，要坚定劳动信念。最后，要通过劳动教育使民众明白劳动的终极目标就是建设社会主义，实现共产主义。

5.1.3.1 主张正确的劳动认知

公众对劳动认知的正确与否，是否形成了马克思主义的劳动认知，直接影响其劳动态度、精神、信念和实践。党的十八大以来，为实现中华民族的伟大复兴，"劳动"一词愈发被重视。2018年的全国教育大会上，习近平总书记强调，要培养全面发展的社会主义建设者和接班人，重视其德智体美劳多维度发展，劳动教育被纳入"五育"之中，成为新时代教育事业的重点之一[①]。2020年，中共中央、国务院发布了《关于全面加强新时代大中小学劳动教育的意见》（以下简称《意见》），青年群体劳动观的培养更加受到重视。在新时代劳动价值观教育当中，首要任务就是培养人们正确的劳动认知，了解劳动，掌握必要的劳动知识。

一方面，正确认识劳动的历史地位。劳动作为人类特有的、最基本的社会实践方式，是人类生存发展和道德培育的基础。劳动在人类社会的产生与发展的历史进程中具有不可替代的地位。正确认识劳动的历史地位，是新时代开展劳动价值观教育需要解决的首要问题。要充分认识劳动在推动人类社会进步、促进人自由全面发展过程中的重要性，为形成正确的劳动观奠定坚实基础。

另一方面，正确认识劳动的目的和意义。帮助公众清晰地认识劳动的目的与意义，使其明白劳动是人类赖以谋生的基本手段，更是实现自我认识、自我发展及自我完善的根本方式。人们可以通过劳动形成正确的认知，发掘自身优势，发

① 张海波. 习近平美育重要论述的三重意蕴 [J]. 西北师大学报（社会科学版），2023（5）：62-69.

现不足，进而通过劳动磨炼意志，树立正确的自我认知和劳动认知。

5.1.3.2　形成坚定的劳动信念

形成正确的劳动认知是劳动价值观教育的第一步，要实际提升公众的劳动价值观，仅停留在认知层面是不够的，劳动信念的培育也十分重要。在新时代的劳动价值观培育中，要树立尊重劳动的正确思想，使公众具有克服劳动困难的精神力量，使其拥有坚定的劳动信念。

一方面，营造"尊重劳动""崇尚劳动"的社会氛围。尊重劳动、劳动者和劳动成果是崇尚劳动和热爱劳动的先决条件。崇尚劳动就是要求整个社会营造一种劳动光荣、伟大、崇高的氛围，这是劳动发展的前提，是实现中国梦的重要保障，同时也有利于改变社会中存在的不良风气。

另一方面，树立尊重劳动和劳动人民的思想。劳动教育就是要将劳动和劳动者至上这一重要思想传递给社会公众，劳动教育还可以发挥对人的塑造作用，引导社会公众树立起尊重劳动、劳动创造财富的观念并能融入到生活中，使得公众摒弃对劳动的传统认知，丰富公众的精神世界，补齐劳动教育短板，促进人的全面发展。特别是新时代下成长起来的青年群体，大多成长于应试教育的环境下，注重学习成绩多于劳动教育。

少年强则国强，青年作为国家的未来，理应成为千千万万劳动者中的一员。青少年应在学习生活中培养劳动能力，对劳动保持敬畏，主动将热爱劳动的情感融入生活，进而转化为劳动自觉，最终成为符合时代要求的人才。

5.1.3.3　为建设社会主义、实现共产主义而劳动

共产主义的理想和中国特色社会主义的理想是相辅相成的。中国特色社会主义道路必须朝着共产主义的方向发展。我国致力于实现共产主义，为目标的实现竭尽所能，这一切的成果都与劳动息息相关。

一方面，全力推进中国特色社会主义事业，全社会应注重劳动的重要性，维护广大劳动者根本利益。劳动者积极汇聚，便能奏响新时代强音。随着经济的发展，我国将在未来进入社会主义建设的高级阶段。那时，中国特色社会主义事业还将继续推进和延伸，继续走中国特色社会主义道路，为中华民族走向共产主义奠定更加坚实的基础。雄伟目标的实现必然伴随劳动，我们应牢记共产主义理想，发展中国特色社会主义，牢记劳动的初衷和使命，不能只埋头苦干而忘却远大理想，也不能只有理想而不付出实际劳动。要明确劳动的重要性，提高走中国

特色社会主义道路的自觉性，承担起民族复兴的重大历史责任，努力开创中国特色社会主义事业更加广阔的前景。

另一方面，社会主义走向共产主义的必由之路离不开劳动。人类社会是由低级向高级的发展过程，最高阶段是共产主义社会，共产主义将更好地反映人类历史对社会制度的影响。只有经过社会主义社会的长足发展，旧的物质、社会和文化精神才能逐步归零，才能为共产主义铺平道路，而物质和精神财富的富足也要依靠劳动实现。为实现共产主义，同时面对新时代的新要求，人民群众必须明确自身发展的终极目标，就是为了建设社会主义、实现共产主义竭尽全力，积极参与劳动实践活动，在宏大目标的前提下，确保个人目标与终极目标同方向，用劳动实现社会生产力的进步，进而促进共产主义目标早日实现。

5.2　以制度建设明确新时代劳动教育制度规范

5.2.1　新时代劳动教育的制度依据

劳动教育关乎国家发展、民族进步，因此提高劳动者整体素质十分重要。当前，要想完善劳动教育的短板，须从整体上加强劳动教育，将其纳入人才培养全过程，应从两方面着手：第一，根据新时代发展的需要，完善劳动教育法律法规，保证劳动者权益，同时明确劳动教育的地位。第二，在全面规划劳动教育的前提下，颁布相关政策文件，确保各级主体推行劳动教育畅通无阻，保证政策落在实处。

5.2.1.1　劳动教育法律法规逐步完善

《中华人民共和国宪法》作为我国的根本大法，在第一部分强调了劳动在经济和社会进步以及改善生活中的作用，指出了教育对培养"四有"人才的积极影响，并概述了劳动教育发展的未来方向。在第二部分第28至48条规定了公民基本权利领域中劳动与教育的结合，并强调了劳动教育的重要性及其对公民就业、培养健全人格的价值。2015年12月27日，第十二届全国人大常委会第十八次会议表决通过了关于修改《中华人民共和国教育法》《中华人民共和国高等教育法》的决定，确定了劳动教育在就业领域的地位，并指出其在教育社会主义基本价值观的领域具有重要价值，也是继承并弘扬中华优秀传统文化、丰富马克思主义劳动观的重要方式。其中新高等教育法第四条新增了"为人民服务""与社会实践相结合"等内容；第五条关于高等教育任务表述中增加了"社会责任感"的要求①。

劳动教育法律法规的完善既有利于提升劳动教育的质量和效果，同时也是对高等教育改革过程中的问题进行的系统回应，促进了法制进步，明确了未来高等教育改革的方向。

5.2.1.2　劳动教育政策逐步落实

劳动教育政策的落实，有利于培养具有实践能力和社会责任感的优秀人才，同时在推动教育改革和提升国家竞争力等方面也具有优势。劳动教育政策的实施，将为学生成长和国家发展带来积极影响。

2017年，国务院印发的《国家教育事业发展"十三五"规划》指出，要加强劳动教育，采用共同的实践知识理念，充分整合其教育功能。2018年，教育部印发的《关于加快建设高水平本科教育全面提高人才培养能力的意见》和2019年印发的《关于切实加强新时代高等学校美育工作的意见》更侧重社会实践活动对于学生群体全面发展的意义，并与"四育"相辅相成。2019年的《中国教育现代化2035》与《加快推进教育现代化实施方案（2018—2022年）》进一步完善了"五育"，明确了劳动教育对于培养学生健康身心、爱国主义及艰苦奋斗精神的意义，有利于一体化育人体系的建设。2019年3月，教育部、财政部印发的《关于实施中国特色高水平高职学校和专业建设计划的意见》中指出，"加强劳动教育，以劳树德、以劳增智、以劳育美"，明确强调了劳动教育对德智体美的价值。2020年，中共中央、国务院发布了《关于全面加强新时代大中小学劳动教育的意见》（以下简称《意见》）。教育部发布了《大中小学劳动教育指导纲要（试行）》（以下简称《指导纲要》）。《意见》突出强调劳动教育要"贯通大中小学各学段"，明确了各学段和年龄培养的总体路径，明确将劳动教育纳入大中小学课程体系。《指导纲要》指出，各地各校须针对学生年龄分类，系统地开展劳动教育。

由此可见，党和国家的教育政策着重强调劳动教育必须与教育领域的综合改革相配套，通过政策文件明确劳动教育的要求，保证公众基本技能水平和有效地加强劳动教育，进而促进就业。注重人才的培养，端正劳动态度，摒弃不良的劳动价值观，提高劳动者素质，培养劳动者健全的人格和高尚的品质，是新时代党和国家对教育的进一步要求，教劳结合在育人方面的重要作用不可忽视。

---

① 许皓、王立兵.《高等教育法》的修改：回顾、反思与完善［J］. 黄冈师范学院学报，2021（3）：1-6.

5.2.2 新时代劳动教育制度性建构的法律基础

5.2.2.1 受教育权和劳动权为劳动教育提供了法律基础

一方面，劳动教育作为教育的重要组成部分，以公民受教育权为重要性基础。基于宪法所设的这一基础性权利，公民依法享受劳动教育的权利，也要履行劳动教育的义务。我国的教育法和高等教育法有关劳动教育的相关规定，为劳动教育的顺利开展奠定了基础。另一方面，宪法中的劳动权是公民的基本权利，从劳动权利体系看，公民享有就业权、职业培训权等，这些都是开展劳动教育的基础。

5.2.2.2 权利义务为劳动教育制度化建构提供了实施框架

传统的劳动教育更强调个人与社会的关系，强调个人劳动在社会中的价值和对个人的管理，如学校对学生、用人单位对劳动者的管理，但传统方式可能导致权利义务主体不清的问题，以权利义务为法律基础构建劳动教育可以使这一问题得到有效化解。以法律为基础构建劳动教育，目的是要突出强调个人与国家的关系，强调国家在劳动教育中的主体属性和管理工作，国家提供劳动教育的资源，确立劳动教育的目标与价值导向。而在个人与社会组织的关系中，强调个人的权利与义务主体属性。一方面，个人作为权利主体，享有劳动教育的权利；另一方面，个人作为义务主体，有接受劳动教育、完成劳动任务的义务。

5.2.3 新时代劳动教育学校制度建设

5.2.3.1 学校劳动教育制度建设的必要性

党中央、国务院印发的《意见》以及教育部印发的《指导纲要》都进一步明确了劳动教育在新时代的定位，强调劳动教育在我国新时代教育体系中占有一席之地。在劳动实践中形成宝贵品格，在创造性劳动中实现自我提高，有利于人的全面发展。学校劳动教育制度建设是人才培养的重要保障，同时也有利于劳动教育精准落地、高效运行。

5.2.3.2 学校劳动教育制度建设的范畴

（1）常态化运行制度建设。劳动教育常态化运行制度建设有利于科学推进劳动教育发展，常态化运行内容主要包括劳动教育管理制度建设、学生劳动教育考核与评价制度建设、劳动教育教师专业发展制度建设及劳动风险防范与管理制度建设等。

第一，学校劳动教育管理制度建设。劳动教育管理制度的建设是依据《意见》和《指导纲要》的内容由学校制定的，其目的是规范劳动教育管理机构及相关人员，做到权责明确，学校应成立专门的劳动教育管理部门，依托相关平台对学校劳动教育进行规划协调、资源整合、过程监控、总结评价等。鉴于学校条件存在差异，劳动领域的教育管理制度建设应根据具体情况而定，但学校要明确并定期履行相关职责，同时根据管理过程中出现的新情况进行调整，为劳动教育的顺利实施保驾护航。

第二，学生劳动教育考核与评价制度建设。主要针对学生的劳动教育课程学习情况、劳动实践参与情况、创造性成果形成情况等进行系统评价。这一制度的确立有助于科学地评价学生劳动教育实效，了解学生劳动意识，及时发现问题，对劳动内容、方法等及时更改，提高劳动教育效果。

第三，学校劳动教育教师专业发展制度建设。这一制度建设是提高劳动教育专业教师水平，保证劳动教育效果的可靠途径之一。应确定教师每年的工作培训时间、内容、目标等，并通过聘请专家举办讲座等方式提高教师的实施能力。

第四，学校劳动风险防范与管理制度建设。这是对学校实施劳动教育中可能出现的风险进行科学防范和应对的制度。为此，学校应明确校内外劳动活动的安全主管部门，建立规章制度，对各项劳动活动的安全风险进行科学评估，排查安全隐患，为学生的身心健康提供有效保障。

（2）资源支持制度建设。为了更好地推进劳动教育课程，为劳动提供科学指导，就需要有相关资源做支撑，比如编制劳动实践指导手册、编写劳动教育专题读本、开发劳动教育课程资源包等，为实施劳动领域的教育创造必要的条件。

第一，编制劳动实践指导手册。学校应设计每学年开展的劳动实践活动，撰写指南，明确规定劳动活动的实施，指导劳动实践的各个环节。劳动实践指导手册应包含有关实践主题、目标、地点、安全等方面的信息。在活动开展过程中，指导教师可根据实际情况，对劳动实践指导手册进行适当完善，以提升劳动实践指导手册的实用性，为后续劳动实践提供参考。劳动实践指导手册可分为教师版和学生版。教师版重在指导教师科学开展劳动教育教学，除了规定活动的目标、安全提示等，还应列举活动过程中可能出现的突发情况及处理方式；学生版重在指导学生规范操作，避免危险，还可以留出相关区域，展示活动开展的流程、体会等。学校定期收集教师和学生有关劳动实践指导手册的反馈意见，不断完善，以便更有效地指导教师和学生开展劳动实践活动。

第二，编写劳动教育专题读本。专题读本应包括生产型、服务型和日常型三种，兼有劳动观念、技能和知识。其内容设计应参照《意见》和《指导纲要》，对各学段进行差别性规范。小学应围绕学生劳动意识的启蒙，使其感知劳动乐趣，初步形成热爱劳动的观念；初中应围绕提升学生劳动知识和技能，引导其形成认真负责的劳动意识和品质；高中应围绕职业体验设置主题和内容，引导学生增强职业生涯规划意识和能力；职业院校应重点关注专业技能和职业认同等方面设计内容；普通高等学校应围绕劳动科学知识、马克思主义劳动观、正确的劳动择业观等方面设计劳动读本内容，且专题读本要通俗易懂、图文并茂，具有较强的趣味性，充分调动学生的阅读兴趣。

第三，进行劳动教育课程资源包开发。课程资源包是课程资源的集合，其特点是容量大、活动多、适用性强、应用范围广。资料包不是一套随机的劳动教育资源，而是在劳动教育目标的指导下，在对学生劳动观念、劳动环境和条件进行深度分析的基础上，进行的立体化课程资源构建①。因此在设计学习资源包时，学校和教师必须确定劳动教育要实现的目标，选择适当的资源，包括学习材料和课程、文件、教育视频等，还可以在学校网站开设劳动教育专栏，鼓励教师将符合标准的资源上传，学校之间可以建立资源包共享机制，最大限度实现资源利用。

总之，党和国家对新时代劳动教育的高要求，需要学校构建系统化的劳动教育育人体系，明确实施路径，设置专门的劳动教育管理机构并明确其职责，调动各方力量帮助学校开展劳动教育，同时需要学校充分发挥劳动教育规划与实施主体的作用，以确保劳动教育的常态化运行与高质量实施。

5.3 以长效机制永葆新时代劳动教育发展活力

5.3.1 完善新时代劳动教育的保障机制

5.3.1.1 完善制度建设，做好顶层设计

随着时代的发展，劳动教育的内涵已经发生了变化，新时代劳动教育具有高标准、严要求的特点，在劳动教育实施过程中需要相应的方案及政策制度保障，以确保新时代劳动教育的要求落在实处，确保劳动教育在全社会顺利运行，进而提升民众的劳动素养。实施劳动教育的目的是培养正确的劳动观念，让工匠精

---

① 王定华. 试论新时代劳动教育的意蕴与方略［J］. 课程·教材·教法，2020（5）：4-10.

神、劳模精神不断激励公众，推动中国特色社会主义现代化建设。同时，加强中国共产党对劳动领域的领导，可以使劳动教育的实施更加广泛和有效，产生的效果也会更显著。

中国共产党始终高度重视工人阶级的力量，强调工人阶级是国家革命、建设、改革的主力军，这是现实经验的总结。党的十八大以来，习近平总书记多次接见劳模和先进代表并发表讲话，激励了我国亿万劳动群众的劳动热情，激发了劳动者的积极性、创造性，使得劳动精神得到了更好的传承。

加强中国共产党对劳动教育的领导，用劳动精神筑牢社会主义核心价值观的精神堤坝，为实现伟大复兴的中国梦筑牢思想根基，有利于不断深化我国劳动教育制度建设。党中央、国务院印发的《意见》以及教育部印发的《指导纲要》都明确了劳动教育的时代定位，明确了劳动对于培育人德智体美劳全面发展具有不可忽视的作用。

5.3.1.2　加大政策扶持，完善劳动保障

推动劳动教育政策落地，需要让劳动者感受到自身权益和劳动成果得到切实的保障。

一方面，要稳定推进就业。就业是我国一项重要的民生工程，面对不同群体的就业难问题，国家出台了多项政策，积极缓解就业难题。就业人员与岗位的供求失衡暴露了我国劳动力市场中的诸多问题。由于我国地区经济发展不均衡，劳动力大多涌向经济发达的沿海地区，导致沿海地区流动人口激增，造成了岗位竞争激烈、生存压力大等现象，不利于社会劳动氛围的培养。面对这种形势，习近平总书记指出，"党和国家要实施积极的就业政策，创造更多的就业岗位，改善就业环境，提高就业质量，不断增加劳动者特别是一线劳动者劳动报酬"[①]。实施积极的就业政策，就要破除制约劳动者就业的政策壁垒，助力劳动力流动，加快实施创新驱动发展战略，推动产业结构的创新性调整，促进新产业、新模式的发育，有效缓解就业难的问题。另一方面，要完善劳动培训服务。就业培训能使劳动者对劳动技能有充分的了解，提高其竞争力，缓解就业压力。对劳动者进行智力投资，可以提高劳动者素养，让其更好地适应劳动市场的变化。

---

① 习近平. 在庆祝"五一"国际劳动节暨表彰全国劳动模范和先进工作者大会上的讲话［M］. 北京：中央文献出版社，2021：122.

5.3.1.3 加强法治建设，增强保障力度

推动劳动教育在全社会范围落实，需要相关法律法规的保障，以确保劳动教育的理念能被广大劳动者接纳。社会主义现代化建设的伟大征程需要法律支撑，创造中国伟大奇迹的亿万劳动者需要法律保护。改革开放以来，我国原有的经济模式受到资本冲击，随着市场经济的发展，市场劳动需求上升，由于对劳动者的权益保障不够重视，产生了强制加班、恶意欠薪等问题，伤害了劳动者的积极性。而今，党和政府愈发重视劳动者权益，不断完善劳动法，将对劳动者的保护落到实处，激发其劳动积极性。

一方面，要建立健全劳动法的体系。现实中，劳动者与用人单位处于不对等的地位，而法律是保障劳动者权益的有力武器，法律的制定和完善能够使广大劳动者在维护权益时有基本遵循，避免不良影响。当前，公众仍然在为劳动时间、报酬、安全而担忧。近年来"996"工作制引发热议，这种工作方式与马克思主义劳动观背道而驰。因此，以宪法为核心健全劳动法律体系是大势所趋，要进一步推进《中华人民共和国劳动法》《中华人民共和国劳动合同法》《中华人民共和国劳动争议调解仲裁法》等多项法律法规的修订与完善，加强监管，使得劳动者的应有权益得到切实保障。另一方面，要加强劳动主体的法律意识。劳动主体可以分为企业和劳动者两类。从企业层面看，企业必须遵守法律法规，严格执行劳动法规的要求，依法兴办企业，在法律范围内为劳动者提供相应的福利保障。从劳动者角度看，劳动者也应有法律意识，用法律武器来维护自己的合法权益。劳动者也要遵守劳动法和用人单位的规章制度，以热情的态度投入工作，辛勤劳动，不消极怠工。只有企业和劳动者双方都懂法守法用法，劳动保障效益才能够充分实现。

5.3.2 健全新时代高校劳动教育管理机制

健全新时代高校劳动教育管理机制是发展劳动教育的重要一环，目的是培养学生实践能力，并为学生提供更好的实践机会和资源支持。因此，构建劳动教育资源共享机制、完善相关评价反馈机制及推动协同育人机制深入发展，有利于高校劳动教育工作的推进。

5.3.2.1 构建劳动教育资源共享机制

《意见》指出，要利用社会资源，保障劳动教育健康发展。劳动教育资源是劳动教育事业发展的重要基础，丰富劳动教育资源并进行合理的资源配置，有利

于培养高素质劳动者。因此，解决劳动教育面临的资源不足、资源分配不均等问题就显得尤为重要，而构建劳动教育资源共享机制，是解决此类问题的关键。

针对劳动教育资源匮乏的问题，学校可以根据自身以及所在地区的特点，建立校内外劳动教育实践基地，同时加强与社会劳动教育资源的链接，积极与各类企业、工厂等机构展开合作，并利用公益组织平台丰富现有的劳动实践资源，为学生进行劳动教育提供多样化的实践场所。学校建立劳动教育公共资源，与校外社会实践场所加强联系实现资源共享，有利于劳动教育的进一步发展。

针对劳动教育资源配置失衡的问题，需要共享已有的劳动教育资源，使得各地区劳动教育资源分布均衡。首先，要建立劳动教育资源共享清单，同一区域内的学校可以实现信息互通与资源共享，并允许不同地区的劳动教育资源的跨地区使用。其次，要建立劳动教育优秀教师资源共享机制，不同学校的优秀教师可以利用线上线下平台实现更大范围的教学工作，优化劳动教育专任教师的资源配置。最后，要建立地区劳动教育实践基地共享制度和劳动教育教师共同培训制度。建立此类制度在提高了劳动资源利用效率的同时，也减轻了学校在创建劳动教育实践基地和培训劳动教育教师方面的资金压力，有利于劳动教育健康发展。

5.3.2.2　完善劳动教育评价反馈机制

完善高校劳动教育评价机制，鼓励对劳动教育进行科学评价，是高校劳动教育发展的指导性指标，是保证劳动教育质量的重要环节。有什么样的劳动教育评价导向，就会有什么样的劳动教育实践追求[①]。

从评价学生劳动教育学习表现角度看，首先，要坚持评价内容的全面化。大多数高校对学生劳动教育学习表现的评价内容包含学生的劳动知识和技能的掌握情况、劳动实践次数等具体指标，但评价内容不够全面，学校应完善评估机制，提高劳动领域的教育效果。其次，要坚持评价主体的多元化。通过学生自评、同学互评、教师评价、家庭评价、企业评价等多元主体协同参与的评价模式，跟踪过程、持续学习、实时评价、及时反馈。最后，要坚持评价形式的多样化。与理论相关的知识可以通过期末考试的论文、回答专业问题的竞赛等方式进行评价；实践部分可以通过展示劳动技能等方式进行评价。

从评价教师劳动教育工作表现角度看，首先，劳动教育评价内容要涵盖教师

① 班建武. 劳动与劳动教育的关系辨析及其实践意义 [J]. 广西师范大学学报（哲学社会科学版），2021（2）：51-60.

的政治素养、教学能力、教学效果、教学态度等要素。政治素养是指教师是否坚持了正确的政治立场，正确解读党和国家的政策；教学能力是指教师是否具有扎实的理论基础，是否有教育创新等；教学效果是指是否通过劳动教育引导学生树立正确的价值观，掌握知识和技能；教学态度是指教师自身是否具备科学的劳动价值观，尊重劳动，尊重劳动者，对学校课程负责。其次，评价主体可以采用教师自我评价、同行评价、专家评价、学生评价等，使评价结果更加客观。最后，可以采用访谈法、问卷调查法等定性与定量相结合的评价形式。

对于学校来说，要推进评价机制智能化。智能化有利于提供准确、全面的教育信息反馈。目前，基于纸质测试的传统教育评价反馈的数据具有滞后性，大数据和各种分析技术可以更科学地预测发展趋势。学校可对学生出勤率、课堂表现、知识掌握情况、能力水平及学生劳动实践的行为特征、性格特点和活动过程等进行分析，帮助老师因材施教，解决问题。可积极利用新技术媒介，构建多角度全景式评价系统和学生综合素质生成性评价模型。

5.3.2.3　优化劳动教育协同育人机制

劳动教育是教育事业全面发展的重要组成部分，是一项长期性的育人工程。仅依靠高等教育机构的努力远远不够，需要发挥高校的主导性作用、家庭的基础性作用及社会的支撑性作用，形成协同育人的联合实施机制。

家长是孩子的第一任老师，家长的言传身教是孩子认识劳动的起点。因此，家长要转变关于劳动的传统观念，为孩子营造热爱劳动、尊重劳动的氛围，引导孩子进行家庭劳动实践，掌握必要的劳动技能。此外，在具有一定安全保障的条件下，鼓励孩子获得与专业相关的职业经验，提高自理能力，为今后的发展奠定基础。

在学校教育教学层面全面落实新时代劳动教育的现实需求，是促进学校劳动教育常态化、科学化和制度化的主要举措。[①]学校是实施劳动教育的主阵地，为学生系统地学习劳动知识和进行劳动实践提供了重要保障，要设置劳动教育必修课，发挥劳动教育的价值，在各个学科专业中有机融入劳动教育，发挥劳动教育的综合育人价值。

社会是学生积累职业经验、增强社会责任意识和责任感的重要场域，政府部

---

① 郝志军. 学科课程渗透劳动教育：理据与路径［J］. 中国教育学刊，2021（5）：75-79.

门要引导各类企业、群体组织、事业单位等履行社会责任，高等教育机构和家庭将共同努力，为学生提供各种实践活动，使其在真实劳动中感悟时代使命和历史重任。另外，宣传部门要做好舆论引领工作，"加大对劳动模范和先进工作者的宣传，讲好劳模故事、劳动故事，弘扬劳动最光荣、劳动最崇高、劳动最伟大、劳动最美丽的社会风尚"①。

5.3.3　新时代优化高校劳动教育运行机制

随着社会的发展和教育的变革，高校劳动教育也需要与时俱进，优化运行机制。新时代背景下，优化高校劳动教育运行机制需要从教师队伍建设、与专业学科有机结合、开拓实践场所等方面进行改革，营造良好的劳动教育氛围，提升学生的实践能力和就业竞争力，为国家的人才培养贡献力量。

5.3.3.1　加强劳动教育师资队伍建设

习近平总书记指出："教师是人类灵魂的工程师，是人类文明的传承者，承载着传播知识、传播思想、传播真理，塑造灵魂、塑造生命、塑造新人的时代重任。"②因此，加强劳动教育领域的师资队伍建设，是未来实现中华民族伟大复兴中国梦的重要保障。首先，学校可以选择业务和教育能力好的教师作为专职或兼职教师，包括校内和校外的教师、学术专家、商业领袖等，以确保劳动教育领域的稳步发展。其次，要加强对教师的培训，提高教师专业水平，以实现教学工作的目标，提高劳动教育工作的有效性。再次，集中讨论在劳动教育过程中暴露的问题，通过建立教师合作机制，促进劳动教育发展。最后，针对学校专业教师、辅导员等开展全员培训，强化其劳动意识与观念，提高其劳动的自觉性。

5.3.3.2　学科专业有机融入劳动教育

《意见》明确指出："除劳动教育必修课程外，其他课程结合学科、专业特点，有机融入劳动教育内容"。

一是将劳动教育纳入政治和思想学科的教学。思政课作为高校落实立德树人根本任务的主要抓手，对学生价值观的培养起着关键性的作用。例如在"毛泽东思想和中国特色社会主义理论体系概论"的教学中，可以融入劳动教育，纵向地阐释各个阶段的劳动教育内容、方法，说明几代国家领导人在劳动教育领域的发展以及相关思想，让学生了解劳动教育的重要作用。在"中国近现代史纲要"教

① 习近平. 在全国劳动模范和先进工作者表彰大会上的讲话［N］. 人民日报，2020-11-25（2）.
② 吴晶，胡浩. 习近平在全国教育大会上强调坚持中国特色社会主义教育发展道路培养德智体美劳全面发展的社会主义建设者和接班人［J］. 人民教育，2018（18）：6-9.

学中，教师可以将"劳动"贯穿到中国革命、建设、改革的历史进程，使学生明白，正是依靠广大劳动人民奋斗，中华民族实现了站起来、富起来到强起来的历史性飞跃。在"马克思主义基本原理"的教学中，可以从哲学的角度深刻解释劳动是创造世界的根本力量，引导学生认识到自由劳动是改造世界的必要途径。在"思想道德修养与法律基础"的教学中，紧扣社会主义核心价值观，积极引导学生领悟劳动是实现价值的关键。在"形势与政策"的教学中，可以利用劳动模范等优秀人才的事迹，鼓励学生肩负起实现中国梦的使命。

二是把劳动教育和专业学科结合起来，丰富育人内容。提高学生在专业劳动实践中发现、分析和解决问题的能力，同时也能激发其对专业的认同感，有利于培养其爱岗敬业、诚实勤劳的品格。面对丰富的教育资源，教师要根据各类专业特点及需要，强化学生对专业知识的掌握，同时深入挖掘其中的劳动精神，引导学生树立正确的劳动观和劳动价值观，帮助学生成为有责任心的专业性人才。

5.3.3.3 拓展延伸劳动教育实践场所

《意见》明确指出要"多渠道拓展实践场所"。实践场所是学生实践的主要途径，确保学生理解和运用知识，高等院校应进一步整合和利用校内外劳动教育的实践空间。

对于校内的实践场所，利用学生宿舍区，开展内务整理、卫生保洁等方面的文明寝室评选，这有助于提高学生自理能力，增强学生思维能力。利用食堂，开展下厨体验、食堂管理服务体验等活动，有助于在学校形成尊重劳动的风气；利用图书馆、体育馆等场所组织学生开展服务性劳动，可以培养学生团结协作、认真负责的品格；利用实验室、创新创业中心等实践场所，可以开展创造性劳动。

对于校外的实践场所，利用红色教育基地、敬老院等为人民群众提供公益性或专业性服务，有助于引导学生增强服务意识；政府和企业密切合作，可以为学生提供安全、稳定、可靠度高的职业培训机会，或者联合建立开放、共享的劳动实践基地，让学生在职业岗位或职业氛围中将劳动知识转化为劳动技能，强化其劳动意识，培养其严谨扎实、爱岗敬业的品质。

综上，新时代中国特色社会主义背景下的劳动教育得到了长足的发展，明确了劳动与劳动教育的价值，强调劳动是实现国家富强、民族振兴的重要手段，要求树立新时代下正确的劳动价值观，劳动教育不再局限于技能的培养，更加注重培养学生的社会责任感和奉献精神，通过劳动教育培养学生热爱劳动、尊重劳动、崇尚劳动的良好价值观。

　　在体制机制建设方面，完善了相关法律法规并颁布诸多政策文件，同时强调了高校在劳动教育方面的重要作用，高校需要强化管理机制，与各方协同，共同扶持劳动教育健康发展。劳动教育与当前国家现状良好结合后迸发出了强大力量，为培养社会主义建设者和接班人，提高劳动者队伍素质和实现国家现代化目标作出了积极贡献，促进了社会发展和国家进步。

第 6 章

新时代高校劳动教育的创新发展路径研究
——以东北财经大学的劳动教育探索为例

新中国成立以来，劳动教育在高校中的发展经历了一波三折，但至今"教劳结合""五育并举"仍然是高校劳动教育发展永恒不变的主题，特别是党的十八大以来，习近平总书记多次强调将劳动教育作为全面培养教育体系的关键构成，足以凸显劳动教育在高校人才培养过程中的重要地位。本章梳理了新时代高校劳动教育发展的理论含义、创新意蕴及实践要旨，并以辽宁省首批劳动教育示范学校中的东北财经大学劳动教育探索为例，通过劳动教育课程体系建设、劳动教育实践基地建设、劳动教育与地域文化融合实践情况三大方面对新时代高校劳动教育创新发展路径进行剖析。

6.1 新时代高校劳动教育发展的理论含义、创新意蕴及实践要旨

6.1.1 新时代高校劳动教育发展的理论含义

当前高校劳动教育的发展应在充分总结历史经验和教训的基础上，确立更加鲜明的时代个性。以劳动教育发展目标、发展内容及发展原则作为主体维度，形成具有中国本土化特色的理论含义。

6.1.1.1 新时代高校劳动教育发展的目标

"实干兴邦"是新时代高校劳动教育在国家发展层面的目标。习近平总书记将实干与空谈作为截然分明的两大部分进行对比，进一步强调实干于国家于社会主义发展均有着突出价值，并以此指导人民群众的劳动实践。从高校劳动教育发展角度看，"实干"思想不断成为高校劳动育人的重要引领，而高校要以优秀的育人表现回馈人民群众的教育期待。

"辛勤劳动"是新时代高校劳动教育在社会发展层面的目标。当前我国社会

正处于深度转型期，城乡间、区域间发展仍需进一步协调，贫富差距仍需进一步缩小，消费刺激仍需进一步科学引导等，享乐主义、功利主义等不良风气仍然存在，在一定程度上打击了部分人民群众的工作积极性。因此，亟须重塑劳动教育理念，将辛勤劳动的观念普及给社会大众，尤其是针对被称为"种草一代"的新时代大学生群体，更需要通过高校中系统化的劳动教育深入理解辛勤劳动的重要性。

"促进人的全面发展"是新时代高校劳动教育在个人发展层面的目标。在过往的历史时期，我国劳动教育的价值更多体现在依靠"教劳结合"实现国家和社会发展的目标。党的十八大以来，我国进一步倡导劳动者作为独立个体的"人"的重要性，主张通过促进社会公平正义，排除阻碍劳动者参与社会主义发展的障碍，帮助其努力实现体面劳动与全面发展。此种基调使得广大劳动者个人存在的价值得到凸显。而高校在开展劳动教育过程中，也应注重对大学生的全面性培养，全方位融入劳动教育元素，系统提升青年学生的劳动素质与劳动能力。

6.1.1.2　新时代高校劳动教育发展的内容

新时代高校劳动教育发展要以大学生为主要对象。2018年全国教育大会进一步明确在学生中弘扬劳动精神，引导学生理解劳动内涵，体会劳动光荣[①]。尽管劳动教育对象包含广泛，但青年群体，尤其是大学生群体仍然是劳动教育对象中的主力军，关乎国家和民族未来。

新时代高校劳动教育发展要以弘扬劳动精神为核心。当代大学生群体正在高校中接受着预期社会化的内容，在其没有正式踏入社会之前，高校的劳动教育内容中有必要培育学生正确的劳动态度，使其养成热爱并尊重劳动的优秀品质。

新时代高校劳动教育发展要以"让学生能够劳动"为基本要求。现代社会的分工更为复杂，同时也对劳动者的劳动能力提出了更高的要求，这就使得劳动者自身必须拥有丰富的劳动知识、娴熟的劳动技能以及良好的劳动习惯。因此，当代大学生群体作为未来的劳动者，高校有必要通过劳动教育的实施逐渐引导其掌握必备的知识、技能与习惯[②]。

---

① 习近平. 坚持中国特色社会主义教育发展道路 培养德智体美劳全面发展的社会主义建设者和接班人 [N]. 人民日报, 2018-09-11 (1).
② 曾令斌，彭泽平. 新时代劳动教育的理论内涵、创新意蕴与实践要义 [J]. 学校党建与思想教育，2023 (13)：56-60.

6.1.1.3   新时代高校劳动教育发展的原则

第一，以教育引导原则培养大学生正确的劳动价值观。高校劳动教育发展应着重突出"教育"，要区分于"劳动""劳作""规训"等，以进一步突出教育意义。同时要加强"引导"，纠正在大学生群体中存在着的不愿劳动、不想劳动、不喜欢劳动、不尊重劳动等方面的错误思想，有效引导当代大学生对劳动形成科学认知。

第二，以渗透性原则将劳动教育纳入高校人才培养全过程。此原则进一步强调高校劳动教育发展要避免陷入孤军奋战的困境，应与人才培养体系深入融合，思政环节、专业课程实践环节、创新创业训练环节等均要体现劳动教育的渗透色彩。

第三，以全面培养原则给予高校劳动教育发展新定位。该原则强调劳动教育是"五育并举"中的重要一环，对树德、增智、强体、育美起到关键性作用。由"四育"变为"五育"也为高校育人提供了新思路。

6.1.2   新时代高校劳动教育发展的创新意蕴

6.1.2.1   对新时代大学生劳动价值观的全新检视

新时代劳动价值观得到了全新的阐释，其核心倡导的"劳动最光荣、劳动最崇高、劳动最伟大、劳动最美丽"也赋予了劳动在我国人民群众心目中的最高荣誉。对于行为个体而言，当代社会中的劳动已从外在工具价值转向内在精神价值。新时代大学生应将自身理想与抱负通过多种劳动形式予以实现，学会在劳动中找到实现人生价值的重要途径。

6.1.2.2   对新时代大学生劳动教育发展观的创新构思

新时代大学生劳动教育发展观以习近平总书记对"爱劳动""以劳动托起中国梦"的倡导为基础，从中可进一步提炼出快乐、全面、和谐、面向未来的劳动教育创新构思。劳动过程带来的满足感、劳动结果带来的成就感等构成劳动教育快乐的源泉；劳动教育的全面属性也意味着其在"五育融合"发展中将发挥关键性作用；同时也要使得当代大学生深刻理解劳动的苦与乐是一对和谐的辩证关系，大学生应学会吃苦、懂得付出；最后，强调劳动教育在新时代下的复归会对大学生群体也即国家未来的劳动者们提出更高的劳动要求。

6.1.2.3   对新时代大学生劳动教育要求的重新布局

"辛勤劳动、诚实劳动、创造性劳动"是新时代高校劳动教育发展的重要理念，可从上述三个角度对大学生劳动教育要求进行重新布局。首先，"辛勤劳动"位居三者之首，同时也是后两者的基础，具体展现的是劳动过程中"苦"的本质；"诚实劳动"是"辛勤劳动"的进一步延伸，也是"创造性劳动"的前提，具体展现的是劳动过程中"真"的本质；而"创造性劳动"是新时代我国社会发展的关键推动力，具体展现的则是劳动过程中"新"的本质。在高校劳动教育发展中，应注重让大学生体验辛勤劳动中的"苦"，了解生活的不易，拒绝骄奢淫逸的享乐生活；在课程学习、专业实践及实习实训等内容中提升大学生诚实守信的道德素质，追求实事求是的工作精神；最终在大学生掌握了扎实的专业知识和技能的基础上，鼓励先进人才创造出新的劳动成果。

6.1.2.4　对新时代大学生全面培养的劳动教育体系的新规划

党的十八大以来，习近平总书记就"培养社会主义建设者和接班人"这一主题作了一系列重要论述。从教育领域来看，其工作的根本任务是培养德智体美劳全面发展的社会主义建设者和接班人。集中在高等教育上，则进一步体现为培养具有劳动精神、劳动能力、劳动素质优异的时代新人。高校重视大学生劳动教育的发展，将劳育作为综合育人路径的关键一环，是创新建设全面发展教育培养体系的有力支撑[①]。

6.1.3　新时代高校劳动教育发展的实践要旨

6.1.3.1　构建三方合作育人机制

新时代高校劳动教育的发展离不开社会、家庭和学校的通力协作。首先，要在全社会积极营造尊重且热爱劳动的氛围，通过社会活动、舆论引导等方式潜移默化地帮助大学生理解劳动教育的重要作用，形成正确的劳动价值观；其次，家庭教育仍然是大学生群体接受社会化的主要手段，从家庭层面需要家长进行言传身教，积极引导青年子女参与家务劳动，帮助其理解劳动无大小；此外，新时代高校劳动教育课程体系与实践体系的建设也至关重要，需要高校全面挖掘自身优势资源，有效链接外部可利用资源，形成科学系统的劳动育人体系。

6.1.3.2　落实劳动教育课程建设

新时代下劳动教育课程的独立地位得到彰显。劳动教育具有"教育全属性机制"，能够联通教育世界、生活世界与职业世界，并非其他学科下的附属概念[②]，是一门综合育人的重要课程。要使劳动教育得到持续有效的开展，单独设置劳动

① 曾令斌，彭泽平. 新时代劳动教育的理论内涵、创新意蕴与实践要义 [J]. 学校党建与思想教育，2023（13）：56-60.
② 徐长发. 新时代劳动教育再发展的逻辑 [J]. 教育研究，2018（11）：12-17.

教育课程十分必要，同时还要不断加大财政投入，为劳动教育的开展配齐师资、场地和设备等。在大学劳动教育课程中，需要加强大学生劳动价值观的教育，并根据所学专业特长，鼓励青年一代积极参与志愿服务和社会实践活动。

6.1.3.3 搭建全科劳动育人途径

当前劳动教育作为独立课程的育人价值需要得到高度肯定，但与此同时，新时代劳动教育的发展更离不开同其他课程的相互融合，要努力打通劳动教育与其他类型课程之间的学科壁垒，如有效实现"劳动教育＋思政""劳动教育＋其他专业课程"的合力价值等，从而进一步增强劳动教育的实施效果。

6.1.3.4 整合校内校外实践平台

高校劳动教育课程显性化有助于大学生获得更为系统完善的劳动知识与劳动技能。除此以外，高校还应进一步加强校内、校外平台育人，为劳动教育的科学开展提供完整的实践路径。一方面，合理整合校内一切体现劳动教育元素的实践资源，努力打造具有整合性质的校内实践基地；另一方面，通过大学服务社会的天然优势，有效链接社会劳动实践资源，通过建立合作关系，为在校大学生提供社会面上的实习实训等宝贵机会。

6.2 新时代高校劳动教育课程体系建设研究

6.2.1 促进新时代"劳动教育+思想政治理论课"的融合发展

思政课程在高校劳动教育体系中发挥铸魂领航的作用。高校思想政治教育与劳动教育的目标、内容等密切相关，将二者有机融合，深入挖掘思政课程中蕴含的劳动教育元素，有助于加强"活性劳动知识"的学习，从而进一步强化劳动教育的道德引领和精神塑造，帮助大学生塑造和培养正确的劳动价值观、劳动品德和劳动态度等，使其真正成为德智体美劳全面发展的社会主义建设者和接班人[①]。东北财经大学在思想政治理论课中积极融入劳动教育思想，思政课教师结合自身教学优势与教学特点，不断加强学生的劳动意识与劳动精神。

6.2.1.1 "马克思主义基本原理"："小课堂+大课堂"提升劳动教育效果

"劳动"思想一直贯穿"马克思主义基本原理"课程的始终。该门课程在与劳动教育结合上具有天然优势和独特价值。围绕劳动本体论、劳动实践论、劳动

① 刘向兵，赵明霏. 构建新时代高校劳动教育体系的理论逻辑与实践路径——基于知识整体理论的视角［J］. 中国高教研究，2020（8）：62-66.

认识论、劳动历史观、劳动价值论、劳动异化论及劳动解放论等理论知识，对蕴含的劳动教育元素进行深入挖掘，并将相关元素巧妙融入知识点进行教学，有助于帮助大学生领悟劳动的本质。

东北财经大学马克思主义学院将劳动教育融入社会实践环节，建立劳动教育社会实践选题库，通过作品创作、实践调研、参观考察等丰富多样的形式，充分发挥学生专业特长，让学生在社会大课堂中感受劳动之美。如赴辽宁省中共党史教育基地——关向应纪念馆，开展"访红色足迹，学百年党史；听初心故事，育爱国情怀"主题党日活动；赴学校之远楼"尖山文苑"，参观"光辉历程——庆祝中国共产党成立100周年主题展览"；赴大连市爱纳孤独症障碍者综合服务中心，陪同孤独症障碍青年、儿童进行融合排球篮球运动，对孤独症障碍者给予关爱。

马克思主义学院积极邀请校外专家举办专题讲座，讲述基层劳动故事，创办"红色文化讲堂"，邀请老一辈共产党人后代结合先辈的红色革命经历及家国情怀，对全校师生进行爱国主义教育。该活动是东北财经大学马克思主义学院进行高校思想政治教育改革和宣扬劳动精神的重要途径。该活动始于2016年12月，目前已开展多场专题报告，曾邀请周恩来总理侄女周秉德女士、杨得志上将女儿杨秋华女士、赵尔陆上将女儿赵珈珈女士和罗章少将之子、中国人民解放军国防大学罗海曦教授等来校为全体师生开展爱国主义教育，如为全校师生讲述红军长征革命故事、开国将领的家风家教、自己亲身经历的革命岁月等内容，充分拓展了高校思想政治教育和劳动精神宣扬的第二课堂。

6.2.1.2　"毛泽东思想和中国特色社会主义理论体系概论"：实践出真知

"毛泽东思想和中国特色社会主义理论体系概论"既要展示和突出马克思主义中国化的理论成果，又要反映中国共产党领导人民进行革命、建设和改革的生动实践与基本经验，从而帮助大学生掌握党的基本理论、路线、纲领、经验及科学体系，运用马克思主义的立场、观点和方法去分析、解决问题，是一门培养大学生科学的世界观和方法论的理论课程。该门课程的教学需要引导大学生参加劳动实践，这样既可以增强大学生对社会生活的感性认识，也有助于大学生在实践当中发掘自身潜能，提高解决实际问题的能力。

东北财经大学马克思主义学院主要从以下两方面工作着手：一方面，选好该门课程的实践基地，所选课程实践基地能反映社会现实，基地领导高度重视学生的社会实践活动；另一方面，授课教师组织好社会实践活动。首先，教师选好调查研究的题目，与学生共同深入实践，进行调查研究，写出调查报告；其次，师生共同对调查报告进行优化和评估；最后，形成调查研究结论。这个循序渐进的过程，有助于深化大学生对社会问题的认识，使课堂理论教学更有说服力和实效性。整个过程需要授课教师积极参与，重视实践教学的过程监督，教师要对大学生在社会实践过程中是否正确收集资料、是否有疑难问题等进行了解、监控、约束和解答。

6.2.1.3　"中国近现代史纲要"："三管齐下"融合劳动教育理念

东北财经大学"中国近代史纲要"课程主要从以下三个方面融合劳动教育理念。

一是把握教材主旨，树立劳动观念。该门课程讲述了以"近代以来久经磨难的中华民族从站起来、富起来到强起来的伟大飞跃，迎来了实现中华民族伟大复兴"为主题的历史。在实现中华民族伟大复兴中国梦的进程中，一代又一代仁人志士进行了伟大斗争和努力探索，正因如此，今日我国才会取得如此辉煌的成绩。但是，也要清醒认识到，中华民族伟大复兴中国梦不是自动成真的。因此，东北财经大学"中国近代史纲要"课程将习近平劳动教育思想融入其中，帮助大学生廓清思想误区，使其理解劳动观念是社会发展的必然性观念，认识到劳动在人类社会形成与发展中所起的决定性作用。

二是整合教学内容，突出劳动理论。中国近代史既是一部屈辱史和斗争史，又是一部变革史和奋斗史。东北财经大学在该门课程教学中，围绕习近平总书记劳动教育的重要论述，引导和教育大学生学习中国近代史，让年轻一代真切地了解中国人民在共产党领导下进行艰苦斗争和辛勤劳动的历程。

三是创新教学方法，营造劳动氛围。东北财经大学将习近平总书记劳动教育重要论述融入课程教学，根据课程特点，采取虚拟现实式教学、人文渗透式教学、启发式教学等新颖的教学方法，营造劳动氛围，使大学生在学习过程中不断了解和认同习近平总书记劳动教育论述的深刻内涵。

6.2.1.4　"思想道德修养与法律基础"：凸显马克思主义劳动教育观

开设"思想道德修养与法律基础"的目的在于解决大学生成长过程中的思想道德问题和法律问题，进而开展马克思主义世界观、人生观、价值观、道德观及法治观教育。马克思主义劳动观的基本思想在该门课程教材中得到较为全面的阐述。东北财经大学当前开展劳动观专题化教学，从人的本质、中国精神、社会主义核心价值观、职业道德、维护劳动者合法权益等不同角度阐释劳动对于人的本质、社会进步与发展等方面的作用和意义。在突出教学内容重、难点的同时也可以凸显理论的连贯性与系统性，让大学生从多角度系统、完整、准确地掌握马克思主义劳动观。2020年12月25日，东北财经大学马克思主义学院申报的大连社会主义核心价值观培育和践行研究基地获批成立。

6.2.2　夯实新时代劳动教育必修课程建设

高校劳动教育是明确劳动科学体系、掌握劳动科学知识的阶段，必须以显性化的劳动教育课程为基础。高校劳动教育必修课应与思想政治理论课和与劳动相关的专业课相区分。思想政治教育通过政治理论、思想修养、伦理道德等多方面的知识学习，不断提高大学生的思想政治素质和道德水平；专业课更偏重专业知识的学习，是培养专门人才的专业性课程。高校开设劳动教育必修课的目的是以劳动科学知识对大学生进行系统教育，承担着高校劳动育人的特殊使命，同时也是避免"大中小学劳育混同化"倾向的重要举措[①]。

从东北财经大学劳动教育必修课程构建思路来看，一方面，帮助大学生深刻理解马克思主义劳动观和社会主义劳动关系，掌握相关劳动法律法规，熟悉劳动关系的政策和运行机制，了解社会保障相关的法律法规和相关政策，认可并尊重普通劳动者，形成共享发展、体面劳动的意识等；另一方面，开展结合专业特点和面向职业实践的劳动观摩课程，让大学生从理论到实践、从历史到未来，完整学习与未来职业发展密切相关的通用劳动科学知识。

6.2.2.1　搭建劳动教育理论课内容

自2021—2022学年第二学期开始，由公共管理学院原社会学系承担东北财经大学劳动教育理论知识的教学任务，每学年第二学期1—9周，面向全校大一年级学生进行授课，共计18学时，借鉴相关慕课平台课程，选择劳动教育理论课授课内容，具体如下。

第一章　导论

第一节　在劳动中深化生命的意义

第二节　通过劳动推动社会进步

---

① 刘向兵，赵明霏. 构建新时代高校劳动教育体系的理论逻辑与实践路径——基于知识整体理论的视角［J］. 中国高教研究，2020（8）：62-66.

第三节   劳动教育的概念与内涵

第四节   新时代高校加强劳动教育的重要意义

第二章   古代与启蒙思想中的劳动观

第一节   中西方古代思想中的劳动观

第二节   西方近代启蒙思想中的劳动观

第三节   马克思主义理论中的劳动观

第三章   新中国劳动教育的历史与逻辑

第一节   新中国成立初期的劳动教育

第二节   改革开放至新时代的劳动教育

第三节   习近平新时代中国特色社会主义思想对劳动教育的新发展

第四章   树立正确的劳动观，献身新时代中国特色社会主义伟大事业

第一节   劳动与幸福美好生活的创造

第二节   树立正确劳动观

第三节   当代大学生正确的劳动观

第五章   当代劳动形态的特征与劳动教育的要求

第一节   科学技术与劳动

第二节   当代科学技术与劳动

第三节   大学生劳动形态

第六章   劳动职业与个人发展

第一节   职业体系和个人能力的互动关系

第二节   引进职业客体，成就职业主体

第三节   公平与安全——体面劳动的实质

第七章   劳动就业问题概论

第一节   基本概念

第二节   我国大学生就业制度的历史沿革

第三节   我国劳动就业存在的问题及对策

第四节   我国劳动力供求趋势分析

第五节   劳动与未来

6.2.2.2   扩充劳动教育实践课内容

东北财经大学充分利用学校后勤集团、创新创业与实验教学中心和部分二级

学院的自身劳动元素资源，进一步完善"劳动理论+劳动实践""专职+兼职"结合的劳动教育师资队伍。后勤集团遴选涉及烹饪、面点、电力设施维修维护、绿化、电路检修、水暖改造、装修装饰等劳动岗位的10名技术骨干人员作为劳动实践兼职指导教师，开展各类劳动技能培训。同时考虑到劳动教育的目标，公共管理学院6名专业教师协助劳动实践课程教师完成劳动实践课程授课任务，强化学生在劳动实践课程学习过程中的劳动价值观、劳动精神、劳动态度的引领和指导，做到劳动理论、劳动思想与劳动能力的有机融合。

在实践课的实践基地选择上，依托学校现有教育资源，创建劳动教育综合实践体验基地。结合教务处、党委学生工作部和后勤集团等职能部门，以及创新创业与实验教学中心、网络教育学院和公共管理学院等二级学院的硬件、软件资源，东北财经大学建立集手工坊、工作坊、劳动教育工作室、劳动技能训练中心于一体的校内基地——"义劳永益"劳动教育专属实践基地，为大学生在校内开展劳动教育实践提供场地。

6.2.3　拓展新时代"专业课程+劳动教育"课程群建设

高校的各类专业教育均具有丰富的劳动属性和劳动指向，专业教育也是大学生学习和获得理性劳动知识和感性劳动知识的重要途径。东北财经大学将劳动教育与专业教育有机融合，充分结合不同专业的特点、思维方法和价值理念，把劳动教育充分融入专业教育体系设计、课程教育和实践教育中，引导教师在专业教育中不断挖掘专业劳动精神，研究专业劳动伦理，探索专业劳动素质，搭建专业实践平台，强化专业技能训练，共同探索完善"专业课程＋劳动教育"教学体系[1]。在设计实习实训教学内容和环节时，东北财经大学注重将劳动素养教育与专业技能培养有机结合[2]。大学生可以结合专业知识参与科技竞赛、科研服务、生产实习、毕业设计等各类劳动实践，使专业技能与劳动体验相结合，在动手过程中培养发现问题、解决问题的能力。东北财经大学积极探索人才培养模式改革，坚持产学研用相结合的理念，实现专业与产业对接。增强学校与行业、企业之间的密切联系，开展生产性实习实训。健全大学生在企业的实习、实训制度，培养学生爱岗、敬业、勤劳、合作、尊重劳动的品质[3]。

---

① 刘向兵，赵明霏. 构建新时代高校劳动教育体系的理论逻辑与实践路径——基于知识整体理论的视角 [J]. 中国高教研究，2020（8）：62-66.
② 陈永春. 构建新时代高校劳动教育体系 [J]. 中国高等教育，2022（9）：27-28.
③ 佟晓丽，任金玉. 新时代高校劳动教育课程建设的思考 [J]. 辽宁工业大学学报（社会科学版），2022（1）：93-96.

6.2.3.1 充分挖掘和利用财经类专业课程蕴含的劳动教育元素

东北财经大学在构建劳动教育体系的过程中，重视把劳动教育与专业教育相融合，不仅结合专业教育的实践环节开展相关的劳动实践，同时积极挖掘和利用财经类专业课程中的劳动教育元素，在财经类专业课程教学中潜移默化地融入劳动教育，帮助大学生深入理解马克思主义劳动观的基本观点，树立正确的劳动观念，养成良好的劳动习惯。在通识类教育课程设置的基础上，深挖不同学科课程资源，在专业课程中强化财经专业劳动伦理和劳动发展趋势教育，构建具有财经专业特色的劳育价值体系。

案例6-1：跨境电子商务课程的实践教学模式

跨境电子商务的迅猛发展给国际经济与贸易专业课程重构提出了新要求。为此，国际经济贸易学院开发了跨境电商实践系列课程，包括国际网络营销、跨境电子商务ERP管理、跨境电商平台运营（双语）、跨境电商物流管理、跨境电子商务网络调研等。跨境电商实践系列课程将专业思想、专业实践等融入劳动实践中，从源头上保障了跨境电子商务创新人才培养与行业企业人才需求的同步性。同时，国际经济贸易学院搭建起"实验课程+实习基地+创新项目研究"的学做合一的实践平台，通过淡化理论教学与实践教学、理论教师与实践教师、教室与实验室、实验室与企业的界限，对实践内容、实验设施、教学方法、教学手段和培养计划进行了重新整合，推动了教与学、学与做的一体化实践教学模式的形成。

案例6-2：国际商学院的"专业—劳动"育人实践

根据教育部卓越人才培养要求和国际化的人才标准体系，国际商学院通过与澳洲会计师公会（CPA Australia）、美国CFA协会（CFA Institute）等国际行业组织合作，将国际通用的会计和金融行业的课程体系植入到会计和金融专业人才培养计划中，不断提升人才培养的国际化水平和影响力。金融专业在2012年获批全国第12家美国CFA协会大学合作伙伴；2018年国际商学院对会计学和金融学两个国际化培养专业进行专业方向和课程改造，设立会计学（澳洲CPA+商业数据分析方向）和金融学（CFA+金融科技方向）新的专业方向，采用跨学科教学模式，在培养方案中融入"商业分析"、"金融科技"和"Python程序设计"等新的专业前沿课程，旨在培养具备"跨学科创新思维、跨领域实践能力"的复合型人才；与平台化共建学院共同修订人才培养方案，增加融入专业实践和劳动实践的专业必修课和选修课；将实习实践切实纳入到人才培养方案中，作为教学改革的方法和育人载体，按照课程化要求精心设计并组织实施，开展教学改革和课程建设。

2019年，国际商学院与跃课教育科技有限公司（沈阳）共同建立了"会计与金融大数据可视化实验中心"，在此基础上开设了"CPM绩效平台"（预算与内部控制、合并报表与管理报告、项目与并购价值建模）、"财务管理实验"、"大数据财务分析与决策"等实验课程；2020年，国际商学院与和君集团辽宁和融公司合作，以真实案例为背景，面向全校学生开设了"管理咨询与投资银行实践"课程；2021年依托东财—和君辽宁省研究生培养基地的建设，校内外导师联合申报获批两项省级、一项国家级双创项目，还建立了"战略与财务""数字化企业""供应链管理"三个产业研究小组。2021年国际商学院与中州期货合作开设实务课程"金融衍生品和风险管理"；2022年与天阳科技有限公司、新浪大连等合作开设了"互联网思维培养""新媒体营销在企业经营中的应用与实践"等课程。

6.2.3.2　重视补充财经类高校欠缺的生产劳动教育内容

财经类学科专业有其独特的特点，容易导致财经类大学生缺乏接触生产劳动尤其是工业生产劳动的渠道和机会，造成大学生毕业后在职业发展过程中存在缺乏行业背景的严重知识缺陷。为此，东北财经大学在劳动教育融合专业课程过程中特别重视补充生产劳动教育内容，注重增进财经类大学生对生产领域的新产业、新业态、新技术及新模式的了解，着重培育财经类大学生深厚的职业发展潜力和开拓创新的劳动精神。力求专业劳动实践与大学生创新创业、社会实践、实习实训及学科竞赛等各个教学实践环节有机结合。

案例6-3：工商管理学院的"一二三课堂"融合实践模式

工商管理学院近年来致力于融合"一二三课堂"，促进多元协同下的"新商科"教育新模式。牢牢把握商科教育的价值导向性，深度融合一二三课堂的劳动育人要素。立足数智化管理与课程思政（第一课堂）、本科生导师制与社会实践（第二课堂）和网络媒体（第三课堂）等不同载体并打破相互之间的壁垒，整体设计，有效衔接，系统推进，实现了三个课堂的有效结合。依托虚拟教研室、产学协同育人基地等基础组织建设，建设多方位主体参与的教育教学团队，以协同化教学平台与智慧化教学手段为支撑，实现高质量人才产出，并在此基础上实现教学品牌的创建和项目建设成果的推广，持续培育出一批"新商科"教育典型案例、一流课程与精品教学资源，培育一批新时代"新商科"青年的先进典型，营造崇德向善、劳动至上的良好氛围。

案例6-4：统计学院的专业实践助力大学生竞赛获奖

由东北财经大学统计学院教师指导学生申报的《疫情冲击下宅经济发展现状调研与未来趋势分析》获得第十届全国大学生市场调查与分析大赛辽宁赛区一等奖。该课题结合"2020年初新型冠状病毒肺炎（COVID-19）突袭中国，国家果断采取了严格限制出行等一系列强有力的措施，人们积极响应，纷纷自行居家隔离，'宅'成为人们的生活常态。虽然长期居家，无法外出，但人们的大多数工作、娱乐和生活需求都通过线上服务得到了满足，商品超市、旅游、医疗等行业开始走向云端，'云生活'逐渐影响我们的生活方式。受到疫情的持续性影响，很多线下服务行业遭受巨大冲击，但由于近年来互联网和物流的快速发展，在线视频、网络游戏、在线办公教育、生鲜配送等"宅经济"行业却迎来巨大的用户需求增量"这一背景，对疫情冲击下群众宅生活现状及网络宅经济发展可行性进行了调查分析，得出了有效的结论并提出了针对性的对策建议，为宅经济的发展提供了参考依据。这一获奖项目是学生运用统计学专业知识和技能，通过社会调查劳动实践，科学分析社会问题的典型体现。

6.2.3.3 突出培养财经类大学生的创造性劳动品质

财经类大学生普遍具有创新思维活跃、创新创业能力强的特点。为此，东北财经大学在构建劳动教育体系过程中充分把握了劳动教育与创新创业教育属性同根同源的特征，把劳动教育充分融入创新创业教育中，形成从劳动教育到创新创业教育的"递进式"教育关系。东北财经大学通过创新创业课程和创新创业项目，有意识地锻炼大学生的动手能力、训练大学生的创新创业技能，突出培育财经类大学生的创造性劳动品质。

案例6-5：国家级大学生创新创业训练项目《侠客行——沉浸式科学体验馆》

"弘祖·遐漫游"沉浸式IP体验项目将新文旅传统IP升级设计模式与"元宇宙"概念及沉浸式科技体验馆相结合，采用实地旅游与云旅游双线开发战略，兼顾体验经济与夜间旅游，是一种实现文创IP与体验场馆一站式服务的新IP旅游产业模式。线上主要围绕利用新技术丰富IP人物形象、采用新媒体推广IP故事、结合官网与电商平台促进商业化的新思路展开。线下引进黑火石科技裸眼成像、体感互动投影、AR体感互动沙桌等技术，利用先锋科技手段将现实世界与虚拟世界进行连接，形成多感官交融体验场景，打造具有数字交互化特点的"元宇宙"沉浸式体验馆。由核心创意团队采用"IP宇宙化"文创模式，推出以徐霞客为轴心的"遐宇宙"IP设计理念，实现"概念—IP—场景—故事—具体设计"的一站式产业化构建。该项目与大连博涛文化科技股份有限公司等平台深入合作，充分实现综合性一体化的IP文旅产业创新体验。线上打造"遐"漫游沉浸体验馆官网，建立微信公众号、b站视频号、抖音视频号、知乎推广号、微博大V等多元新媒体推广矩阵，紧跟热点、高密度完成IP故事、场馆功能宣传推广工作。线下与大连市本地旅游景点进行阶段性合作，在场馆中融合景区元素共同促进本地旅游产业发展。

6.2.4 强化新时代"互联网+劳动教育"课程实践模式

新兴技术的发展与应用改变了社会经济运行的传统模式，也深刻影响了高素质劳动者的衡量标准，社会需要更富有创造性的劳动，劳动者需要具备更为多元的能力。"互联网+劳动教育"因其具有强大的动能，作为传统知识教育的有力补充，能够助力培育大学生的多元能力。"互联网+劳动教育"融合了互联网的多元特性，有利于激活大学生创新型思维，锤炼大学生多元能力，促进大学生成长为推动社会发展进步的积极力量，为我国的强国征程提供强有力的人才支持与保障[①]。东北财经大学在"互联网+劳动教育"课程实践方面取得如下进展。

6.2.4.1 以互联网技术为引擎，构筑劳动教育新平台

东北财经大学为全面提升劳动教育水平，积极以新兴技术赋能，加快劳动教育和信息技术相融合，构筑"互联网+劳动教育"新平台，实现课程、实践、活动、管理等资源的有机整合，多维度地拓展劳动教育的阵地，形成多资源汇聚，多项目协同的良好局面。

案例6-6：引入企业专业软件与教学环节结合开展实践教学

国际商学院通过在教学中引入企业专业的软件，与教学环节相结合进行实践教学，具体包括下面几种情况：第一，可用于教学使用的会计实务领域软件。主要完成各大公司之间的财务报表合并与分析，用于"CPM绩效平台"系列课程。第二，可用于教学使用的高校创新实验室账号（软件）。用于该学院为出国项目

---

① 郑夏妍. 高校"互联网+劳动教育"实践模式探究［J］. 福建轻纺，2022（8）：40-43+51.

学生开设金融科技系列课程，具体包括"区块链人才成长之路""大数据人才成长之路""人工智能发展趋势""人工智能+云计算人才成长之路"等模块。第三，可用于会计实验教学移动互联教具软件服务。会计实验教学移动互联教具为硬壳塑板打印的"互联网线上线下"混合式教学工具，教具能够通过二维码获取软件云服务平台的数据，用于课堂教学，是教师进行理论教学的教学资源，通过教具把数据和工具带到课堂，实现理论教学中学生与实务的零距离互动。第四，VCase会计综合实训课程资源技术使用服务。可用于教学使用的VCase会计综合实训课程资源技术使用服务，该软件以汽配行业、房产建筑、现代物流等典型行业实体企业为对象，搭建实体企业业务中心、财务中心和学生中心三大功能体系，简单、纯粹地将实体企业相关业务应用于教学。

案例6-7：以"互联网+"教学改革为契机打造虚拟仿真实验课程

国际经济贸易学院开展"互联网+"教学改革，引进优秀的课程资源或采用先进的教学平台，将实践和创新的理念融入专业课程中，打造虚拟仿真实验课程。国际经济与贸易专业现已打造跨境电子商务ERP管理、进出口业务模拟操作等省级一流虚拟仿真实验课程。

会计学院的"财务分析"课程与VDC财经大数据应用服务平台合作，开发了与课程内容相配套的实践模块，保证学生能将每节课所讲授的财务分析理论应用于上市公司分析；会计学专业已建立"存货会计虚拟仿真实验""会计职业道德虚拟仿真实验""财务共享虚拟仿真实验"等多门省级一流虚拟仿真实验课程，能够在"互联网+"平台上便捷地实现虚拟仿真实验和实践项目。

6.2.4.2　以互联网思维为指引，塑造劳动教育新生态

在互联网思维的指引下，东北财经大学积极创建"共享共建、跨界协同、精准化引导、定制化培育"的劳动教育新生态。通过结合互联网发展劳动教育思路，构建共同体数字化平台，拓展劳动教育实施新路径，东北财经大学公共管理学院与大连弘程伟业教育集团、大连市人工智能产业协会、大连比根应急救援服务有限公司、中国优选法统筹法与经济数学研究会高等教育管理分会和东北财经大学创新创业与实验教学中心等单位合作，建立长期教学实践合作机制，获得了教育部和辽宁省实践课题和奖励；通过申报《新文科下劳动教育智能应用场景的设计与应用》共同体项目，学校带动成员单位积极开展基于移动端的智能应用，创新线上线下一体化、课内课外一体化、教学做一体化的教育模式，实施劳动教

育全过程考核，积极探索文科学校数智化劳动教育的新途径、新思路和新范式；通过中国"双法"研究会高等教育管理分会的平台，为共同体成员高校开展思想政治教育工作提供方案支持与智库服务，拓宽劳动教育实施路径，助推新时期东北财经大学"德智体美劳"五育并举的深入开展。

6.3 新时代高校劳动教育实践基地建设研究

6.3.1 新时代高校劳动教育实践基地建设的背景

党的十九大以来，在完善素质教育，坚持五育并举，促进学生全面发展的要求背景下，以习近平同志为核心的党中央对新时代劳动教育提出了纲领性的深刻阐释。2020年3月《关于全面加强新时代大中小学劳动教育的意见》（以下简称《意见》）出台，2020年7月，教育部《大中小学劳动教育指导纲要（试行）》（以下简称《指导纲要》）发布，为进一步全面贯彻党的教育方针和立德树人的根本任务，培养德智体美劳全面发展的社会主义建设者和接班人指明了方向。

东北财经大学全面贯彻和执行党的教育方针，树立科学教育质量观，培育和践行社会主义核心价值观，把劳动教育纳入人才培养全过程。通过发掘劳动教育实践资源，拓宽劳动教育实践途径，健全劳动教育实践方案，整合学校、学院、后勤集团、"双创"中心以及社会各方面力量，与德、智、体、美四育相融合，紧密结合经济社会发展变化和学生生活实际，积极探索具有财经类院校特色的劳动教育实践模式，创新体制机制，注重教育实效，实现知行合一，将书本知识与社会实践相结合，促进学生形成正确的世界观、人生观、价值观。

劳动是人类实践活动的一种特殊形式，劳动教育实践的开展应当有充足的空间场域。因此，应首先立足现实背景，探究如何充分利用现有校园条件和资源，开发高校活动中劳动实践的有关元素，为开展技能类劳动项目培训、商务类实训项目培训以及专业性、创新性劳动体验提供场地、工具、物资等保障。其次，要以二级学院为主体，以专业实践教育基地为依托，积极拓展校外渠道，拓展劳动实践场所，建设富有专业特色的劳动实践基地。最后，促进学校阵地与校外社会实践基地的衔接互动，推动区域合作和资源共享，构建起全方位支持、全流程评价的劳动教育实践生态网络，形成全社会共同参与的立体化劳动教育实践体系。

6.3.2　新时代高校劳动教育实践基地建设的意义

6.3.2.1　丰富教学内容，延展理论教学，有效提升财经类学生的实践水平

劳动教育实践基地建设是顺利完成财经类学生教育工作，培养高层次应用型财经人才不可或缺的条件。财经类专业属于应用性较强的专业，东北财经大学财经类课程不仅要求学生掌握充足的理论知识，还要求学生将理论研究与实践应用有机结合。劳动教育实践基地的建设正好能够弥补当前实践教学存在的不足，为学生提供理论联系实际的机会，有助于将培养过程中的讲授、学习、应用等充分融合。学生可通过亲身参与劳动实践，通过真实环境、具体行为来体会理论在实践场景中的应用，对理论知识产生更加深刻的认知和理解，进而提高在实践中发现问题、解决问题的能力，增强步入职场后的综合竞争力。

6.3.2.2　提高现有专职教师的综合素质与实践能力，建设劳动实践导师梯队

随着经济社会的快速发展，只有同时具备实践能力和扎实理论功底的财经类人员才会被社会和企业认可与接纳，因此对财经类高校教师的教学水平也提出了越来越高的要求。高校教师需要改变传统的授课方式，凸显课程实践教学的重要性，实现理论与实践的统一。通过劳动教育实践基地建设，教师可以在课程教学中以最直观的方式帮助学生了解企业和社会的需求，结合最新的理论知识，丰富课程教学内容，完善课程实践教学的方法和技巧；教师还可以更便捷地参与企业相关的课题及项目研究，接受企业相关知识与技能的培训，提高课程实践教学的基础与能力，全面提升教学水平与教学质量。另外，为实践基地配置兼职劳动实践导师，能够弥补师资短缺的不足；聘请行业精英、技术能手、劳动模范作为劳动教育实践导师，将真实劳动场景和经验、精神带入校园中，可以增强学生的职业体验，培养学生的职业精神，帮助学生进行职业生涯规划，充分发挥他们的各自特长，极大助力了劳动教育实践环节的开展。

6.3.2.3　促进研究成果转化，满足高校、政府、企业等多方主体发展需求

高校与政府、企业、社会组织等多方主体合作共建校内外劳动教育实践基地，有利于充分利用高校的人才优势，激励师生主动对接各主体发展的需求，加强协同创新，提高师生开展劳动教育的积极性。由于实践成果紧贴各主体的产业发展，也有利于提高实践成果的实用性和转化率，促进"产业链、教育链、人才链、创新链"的有效衔接，从而解决各主体发展中存在的实践和创新不足的问题。劳动教育实践基地为高校与多方主体的协同发展搭建了新平台，实现双向发

力，促进高校、政府、企业、社会组织、教师、学生多主体融合，既能满足师生自身发展的需求，也能解决各主体发展的迫切需要。

6.3.2.4 顺应新时代要求，推动高校以办学质量提升为核心的内涵式发展

高校劳动教育实践基地的建设是顺应国家教育方针发展趋势转变的必由之路。伴随我国高等教育的大众化、国际化、市场化和评价机制的社会化，高校应转变教育观念，提高教育质量，培养社会急需的既有理论知识又有实践能力的全面复合型人才。传统的教育模式更重视学生理论知识的培养，而当今社会的发展，理论知识和实践能力缺一不可，校内外劳动教育实践基地是大学生进行社会实践活动的重要场所，依托这些实践场所开展实践教学，不仅可以培养大学生的实践能力，还可以将学校教学与社会需求有效对接，推动高校相关课程体系的深度革新，坚定不移地走"规模稳定、结构优化、优势发挥、特色彰显、水平提升"的内涵式发展道路，打造财经特色鲜明的劳动教育"东财品牌"。

6.3.3 新时代高校劳动教育实践基地建设的具体思路

6.3.3.1 积极整合校内资源，凸显具有"东财特色"的劳动教育实践内容

（1）不断整合校内资源，建立校内劳动教育实践基地。公共管理学院负责功能设计、后勤集团施工建设的辽宁省劳动教育示范基地、东北财经大学"义劳永益"劳动教育实践基地，已完成全部施工建设任务，于2023年国庆节后正式启用。

（2）充分发挥高校主导作用，在保证师资进行劳动教育日常课程教学活动的同时，开展劳动教育系列实践主题活动。通过聘请兼职劳动导师（表6-1为东北财经大学后勤集团劳动教育导师的基本情况）、行业劳动模范，让来自政府、各行业、劳模家庭等不同领域的劳动技能达人和模范优秀人才，以讲座、案例课堂、项目实训等方式开展劳动模范进校园、技能大师进课堂的主题活动，提高大学生对劳动教育的学习兴趣以及劳动教育活动的参与程度，让大学生了解劳动教育的重要性。同时，搭建劳模创新工作室，展示劳模风采，更好地发挥劳模、名师的示范、引领和传帮带的作用，弘扬劳动精神，在潜移默化中引导大学生树立正确的劳动观念，增强劳动教育实效。

表6-1　　　　　　　　　东北财经大学后勤集团劳动教育导师基本情况

劳动教育导师	性别	年龄	职业	擅长领域
LJ	男	35	厨师长	熟练大锅菜、家常小炒、菜谱制定
MXQ	男	42	高级中式烹调师	大众菜、创新菜、水果拼盘
ZXM	女	36	初级中、西点面点师	各类面点制作
XQ	男	58	高级工	精通电力设施维修维护
XYS	男	53	工程师	熟悉工程建设、装修装饰
CSB	男	59	电气技师	电器设施维修维护及变电所供电运行管理
LCJ	男	59	绿化技师	绿化养护管理
HQ	男	54	水暖技师	采暖设施维修维护及运行管理
SRZ	男	49	维修技师	排水管道维修维护，电气、采暖维修
LYK	男	39	电工	电路检修

（3）实现劳动教育与创新创业教育深度融合，搭建"劳动+双创"融合共建平台。创新创业教育的核心是创新创业实践，而创新创业实践是劳动教育的一种特定形态。因此，劳动教育和创新创业教育有着深刻的内在联系。依托高校竞赛资源，搭建统一的实践育人基地。借助"互联网+""挑战杯"等创新创业比赛与劳动教育相联系，在校内外建设"创新创业学院""大学生创业园""科创园""孵化基地"等实践基地，一并开展劳动教育和创新创业教育，实现二者深度交互，提高大学生的创新创业能力和劳动实践技能，指导学生把创意、创新、创造付诸具体劳动行动和劳动实体，在创新创业中体会劳动乐趣、培养劳动价值、发扬劳动精神。围绕创新创业，结合学科和专业积极开展实习实训、专业服务、社会实践、勤工助学等是新时代东北财经大学劳动教育和创新创业教育融合的主要载体和途径。表6-2为东北财经大学融合共建平台及师资力量等信息。

（4）依托现代信息技术，构建线上劳动教育实践平台。高校应紧跟数字化需求，利用各种先进的教育信息技术，结合"互联网+"与"数智化+"，建立线上劳动教育实践平台，全面开展虚拟现实仿真实验教学，以更加立体的眼光看待财经类高校专业人才培养，使学生可以在实践中应用、检验和发展专业知识，为大

表6-2　　　　　　　　　**东北财经大学融合共建平台等具体信息**

校内场地总面积（㎡）	4 100
校外创新创业实践基地	面积（㎡）
辰熙数字经济产业就业创业创新实践基地	3 200
一科生物经济与乡村振兴产业实践基地	5 200
风云工坊文化创意产业创新创业实践教育基地	3 500
瓦房店市电子商务孵化基地	124 700
旅顺口区小南村七彩南山太空植物园创业实践基地	6 000
创业导师及专职工作人员情况	
基地专职工作人员数量	9
基地创业导师数量	129
校内专职创新创业教师数量	23
担任创业导师的专业教师数量	32
校外导师数量	74
基地提供服务情况（填报上一年度数据）	
组织实施各类创新创业训练营、创新创业沙龙等活动场次	6
开展创新创业培训指导场次	197
提供投融资服务对接次数	2
获得投融资的学生团队数量	8
获得投融资的金额数量（万元）	265

学生未来择业就业以及创新创业奠定扎实的实践基础。通过探索数智化时代下劳动教育的新途径、新思路、新标准和新范式，创新线上线下一体化、课内课外一体化、教学做一体化的教育模式，打造出我国高校数智化劳动教育的"东财经验"。首先，东北财经大学积极引入社会资源，打造校内线上模拟实践平台。引进知名财经企业的金融管理平台、研发平台、大数据管理平台等，打造线上企业模拟平台，模拟企业经营运转全过程，学生通过线上平台反复进行学习和实践，实现实践内容的复用与更新，学生还可以根据兴趣参加企业各种线上论坛，及时

获取所需领域的最新发展动态，为劳动教育打造开放的人才培养环境。其次，东北财经大学聘请专家学者，打造校内虚拟仿真教学平台。聘请各行各业的专家学者，构建专兼职相结合的师资团队，为学生开展虚拟仿真实验教学，实现线上劳动教育教学平台与线下劳动教育实践体验基地的结合，实现授课方式的多样化以及课程内容的反复利用，实现理论知识与实践内容的统一。最后，推进校园数智化建设和管理，建立虚拟场景，作为社区管理和学生成长的虚拟平台，将学生理论知识与实践能力、专业技术相结合，记录学生劳动成果，激发学生参与劳动教育的热情。

（5）结合党建活动，在校内建立志愿服务实践基地。党建活动的重要性不言而喻，并且由于在校内开展志愿服务成本低、安全系数高，建立校内志愿服务实践基地势在必行。首先，东北财经大学将后勤部门打造为实践基地，开展帮扶活动。学校联合后勤集团，将其作为志愿服务实践基地，开展后勤子女帮扶活动，以此减轻后勤集团工作人员的压力，也使广大学生有机会参与志愿服务，锻炼并增长见识，丰富课余活动。其次，将基地建设与学生党建工作相结合，建立主题纪念馆。从校内主题纪念馆开馆首日起免费向周边大、中、小学校，企事业单位及社会组织开放，由学生党员、预备党员和入党积极分子担任义务讲解员，介绍场馆内的故事和精神，提升学生党员宗旨意识，锻炼学生党员党性，发挥学生党员先锋模范作用；最后，在校内志愿服务基地开展义工项目，鼓励学生参与。校内学生组织以志愿服务基地为单位，做好活动策划，开启校园义工项目，设立特色志愿服务岗位，使其基本覆盖到学生学习、生活的方方面面。学校后勤集团提供园林绿化、设备维修、食堂餐饮、设施维护、校园健身道保洁等校园义工岗位若干，作为劳动教育志愿服务实践安排。

（6）依托学生公寓，开展学生自治管理，搭建学生社区。学校与职能部门、学生组织合作共建学生生活区；与物业管理中心和以"自我管理、自我教育、自我服务、自我监督"为目标的学生会组织合作，加强学生的宿舍管理，并将其纳入劳动实践必修课，将安全、卫生、文化寝室的建设和考核与学分相结合，营造良好的劳动教育氛围，推动学生社区建设；选拔学生骨干，形成"老带新"机制，在校内选拔优秀的学生骨干分子，担任楼长、楼层长、宿舍长，形成三级宿舍学生自治管理体系，让学生自己参与学生公寓的自治活动，如公寓安全管理、卫生检查、垃圾分类等，推动"老生带新生"机制的构建，培养全体学生的劳动热情。

6.3.3.2　积极链接校外资源，共同打造财经类人才培养实践基地

（1）利用公共服务设施，搭建校外劳动教育实践基地。东北财经大学充分利用博物馆、展览馆、纪念馆等公共服务设施，结合爱国主义教育基地、安全教育基地、国防教育基地建设资源，在校外建设灵活多样的劳动教育实践基地，强化劳动教育场域的思政元素，为学生提供合适的劳动教育场所。

（2）与政府部门沟通协作，积极打造校外劳动教育研学基地。东北财经大学在政府部门的统筹规划下，开发社会生活中的劳动教育资源和社会公益劳动项目，积极挖掘符合劳动教育条件的研学基地，将农业产业园、文旅景观等场所进行升级改建，将其打造成为符合大学生开展劳动教育和社会实践的校外劳动教育实践场地。

（3）依托社会资源，统筹社会力量，建设"校+企+政"人才培养实践基地。借助学生专业实习的契机，东北财经大学依托社会力量和各行各业的专业力量，全方位利用各类社会资源，通过校企合作、产教融合等途径，推进劳动教育实践教学体系与企事业单位、政府机构、金融行业、创新型企业等部门对接，积极促进高校、企业、政府合作共建人才培养实践基地的建设。

（4）将高校人才培养目标与企业需求相结合，搭建校外人才培养孵化基地。东北财经大学根据企业人才需求实际，结合专业培养方案和教学目标的适配性，以企业为定向人才培养单位，利用产学研一体化，积极建立校外人才培养孵化基地，实现"高校+企业"内外协同的劳动教育实践网格状合作。

（5）发挥社会助力作用，以社区为载体，搭建校外志愿服务实践基地。东北财经大学依托属地社区、福利院、养老院等公共场所设立志愿服务实践基地，积极挖掘属地公共场所的潜力，利用自身的专业特长和优势，开发筛选出可以和这些机构长期合作的优质志愿服务项目，进行志愿服务实践基地建设，达成长期合作意向；建立城市与信息管理虚拟社区，打造线上志愿服务平台。学校管理部门积极创新宣传策略，结合社区优质资源，开发志愿服务平台，借助互联网发布志愿服务信息、志愿者招募信息、志愿者服务成果展示等，引导学生以更加便捷的方式参与到社区志愿服务活动中。东北财经大学将社区实践活动与学生党建活动相结合，实现校内到校外的飞跃。由社区志愿服务基地提供各项志愿服务项目，由高校党总支学生党支部对学生进行教育、引导、监督、协调，以学生党员、预

备党员和入党积极分子为核心，以"专业化"为特色，针对社区居民需求及学生年龄、专业特长、性格特点和兴趣爱好，设立"爱心家教""关爱空巢老人""关爱特殊儿童"等不同的志愿服务小组，学生在服务中成长，在奉献中锻炼，从而锤炼党性修养。

（6）充分利用村落资源，搭建"高校+乡村"基层扶贫志愿服务实践基地。东北财经大学深入农村偏远地区，充分利用当地自然资源与文化资源，建立基层扶贫志愿服务实践基地，将学校教师定点扶贫项目与学生到乡村进行短期志愿服务、勤工俭学、公益活动相结合，开展大学生西部计划、"三下乡"、"三支一扶"等服务性劳动实践活动。

（7）依托校友资源，搭建校外大学生劳动教育实践基地，实现双赢。东北财经大学充分利用校友企业，推进实践基地一体化建设。学校广泛链接校友企业资源，积极推进专业实习基地、社会实践基地、志愿服务基地一体化建设，定期向校友企业推荐优秀学子以志愿服务的形式到岗见习，既为大学生提供了便捷的劳动教育实践和就业创业见习机会，也为产学研一体的校友企业提供了专业对口的优质劳动力资源。东北财经大学通过学生的公益创业资源搭建劳动教育实践基地。公益创业注重社会公益取向、进入门槛低、创新性强，有利于将大学生创新创业、社会实践、专业实习等需求有效结合。大学生公益创业者在学校和社会企业的资助下，利用公益创业思维，孵化公益项目、创建公益团队、创立公益工作室、成立公益社团、逐步建立公益创业集群等，这种公益组织建立起来后，学校可以与其达成合作意向，设立劳动教育实践基地，使大学生获得多元化的实践平台，也为学校劳动教育实践持续、有效地开展提供有力保障。

6.3.3.3 校内外劳动教育实践基地良性发展的愿景和关键路径

建立健全劳动教育实践基地各项支撑和保障机制，是校内外劳动教育实践基地规范化发展、专业化建设的重要途径与必然选择。

（1）不断完善资金保障机制。《意见》第14条规定，"各地区要统筹中央补助资金和自有财力，多种形式筹措资金，加快建设校内劳动教育场所和校外劳动教育实践基地，加强学校劳动教育设施标准化建设，建立学校劳动教育器材、耗材补充机制。学校可按照规定统筹安排公用经费等资金开展劳动教育"。一方面，设立专门资金，高校在学科建设经费预算中，每年度安排一定专项建设资金，以加快建设校内劳动教育场所和校外劳动教育实践基地，加强学校劳动教育设施标准化建设，提高数智化升级改造劳动教育实践的应用场景设计；另一方面，多方筹集资金，高校应多渠道筹备劳动教育资金，正确使用劳动教育经费，科学利用每笔资金，保证资金使用过程的透明性，合理配置劳动教育实践资源，不断完善基础设施，提高资源配置使用效率，为劳动教育实践所需的各项开销提供资金保障。

（2）建立资源共享及风险分担机制。在资源共享方面，可以参考投入的资源以及对实践基地建设付出的贡献进行利益分配；在风险分担方面，要明确参与主体责任，结合实践基地实际情况提出相应的风险预防对策，以保障实践基地参与主体权益，吸引多元主体进入。

（3）建立健全劳动教育实践基地内部规范管理机制。首先，完善内部规章制度管理。实践基地应明确内部各项规章制度，教师在授课时应教育学生遵守实践基地内部规范，以保证实践场地正常开放及设备的正常运行。其次，完善内部网络管理系统。学生可通过系统查询实践基地开放的时间和设备的使用情况等，并结合自身的时间进行线上预约，同时安排专人负责管理每日进入实践基地的人数，通过小批量多批次的半分散方式一定程度上克服实践基地可容纳人数的制约。再次，建立内部安全管理体系。高校应对劳动教育实践活动各环节均有安全处置预案，并报上级主管部门备案。配备专职安保人员，定期组织安全教育和应对突发事件安全演练。做到紧急救援和消防设施设备齐全，性能良好，安全警告和危险标志、标识醒目、明了，消防验收手续等证件齐全。物防、技防配备齐全，安全说明或须知等要求明确、具体。建有紧急救援体系，公开内部救援电话并确保畅通有效，建有畅通的紧急运送途径。高校应为学生提供实践基地"一卡通"，让学生刷卡进入，提升实践基地的安全性。同时也应在实践基地中安装监控，一方面可以了解学生在基地中的实践活动状况，另一方面也可以监测到实践基地内部基础设施的损坏以及丢失状况。高校还应该配备专业管理技术人员，对所有仪器设备每日检查并进行记录，做好技术保障工作，以保证基地内所有仪器设备完好无损。最后，组建内部管理队伍。高校应合理安排有奉献精神和责任心的老师，并选派部分承担助管、助研、助教工作的学生在双休日、寒暑假期间到实践基地进行管理，形成动态但相对稳定的可持续管理队伍，同时应根据劳动教育实践活动需要，配备专职联络员、辅导员、项目负责人和医务人员等。

（4）建立健全政策保障机制。高校应依据政府出台的相应基础配套的各项法律法规建立健全政策保障机制，如通过减少主动参与实践基地建设的企业的税收，提升企业与高校合作建设实践基地的积极性，引导相关机构和企业参与到高校劳动教育实践中，为学生劳动教育实践活动提供资源、资金、师资、培训场地、信息咨询等方面的支持。

（5）明确基地建设条件保障。首先，明确实践基地认定标准。校内实践基地为学校编制内正式部门，条件按照学校统一标准执行；校外基地拥有独立的法人资质和正规营业执照，基地与学校签订劳动教育服务合同，有具体的服务方案，责权利明晰，内容合规合法。其次，明确实践基地建设标准。校内校外基地外部应确保周边环境安全、无危险建筑、无地质灾害隐患，周边公共设施比较完善，交通、通信设施齐全且畅通；基地内部应确保环境整洁，布局合理，同时应确保功能区明晰，配备满足现代化教学使用的设施设备，必要的劳动工具、器材，性能完好，数量充足，能满足师生所需。最后，明确实践基地发展规划。劳动实践基地建设应编有中长期发展规划，规划内容涵盖基地建设总体规划、课程发展和改良计划等，目标明确、措施可行。而劳动教育实践基地的初步建设应"摸着石头过河"，借鉴其他基地的建设思路，采用渐进式、过程改进式的方法，在实施过程中不断解决所发生的各种突发问题，逐渐建设成模块化、定制化、特色鲜明的劳动教育实践基地。

总而言之，作为"五育并举"中的重要内容，劳动教育在高校中的地位应当得到进一步凸显，同时，围绕劳动元素打造符合新时代社会发展要求及高校办学特点的劳动教育课程体系和实践基地，理应成为未来各高校在劳育工作中的重中之重。

6.4　新时代高校劳动教育探索中的地域文化融合实践研究

围绕新时代高校劳动教育的实施推进，学术界提出要正确处理好其中所涉及的多元与统一、共性与个性的关系问题，要在此基础上形成"因地制宜"的地方高校劳动教育创新发展模式①。"因地制宜"重点强调的是各地方高校需要依托当地资源和文化特色，将鲜明的地域文化元素充分融入劳动教育的日常教学与实

---

① 刘向兵，党印. 高校劳动教育实施推进的多元与统一——基于80所高校劳动教育实施方案的文本分析［J］. 中国高教研究，2022（5）：54-59.

践活动中[①②]。地域文化作为中华文化系统的重要构成部分，其多样性与丰富性可以保证中华文明充满活力，在中国式现代化的进程中，地方高校应在地域文化传承创新中发挥关键作用[③]。

东北财经大学坐落于辽宁省大连市，从历史角度来看，大连近代史可以视为中国近代屈辱历史和斗争历史的缩影[④]，特别是被称为"东方第一要塞""世界五大军港之一"的旅顺口，承载着中国半部近代史，见证了大连人民为了革命胜利而付出的无数艰辛，是地方高校劳动教育融合地域历史文化的天然思政平台。同时大连市也是我国近代典型的人口大规模迁移运动——"闯关东"的主要流入地之一。"闯关东"移民在开发我国东北地区的实践过程中孕育出以吃苦耐劳为核心的"闯关东"精神，对传承自强不息的民族精神和感染教育子孙后代起到了一定的示范作用，具有重要的劳动教育意义。此外，大连市位于我国辽东半岛最南端，三面环海，以其独特的地理位置和丰富的海洋资源而闻名。作为具有海洋文化元素的城市，大连市为东北财经大学劳动教育的开展提供了得天独厚的地域条件，东北财经大学也通过劳动教育形式有效地传承和发展了大连市的地域文化，二者可谓相得益彰。

6.4.1　新时代高校劳动教育与地域文化的价值契合

从共性与个性关系的角度看待中华文化对劳动教育发展的影响，能够有效避免高校劳动教育发展出现"一刀切"的极端情况，将地域文化的多样性[⑤]融入劳动育人过程中，这不仅是文化层面的契合，同时也是实践层面的必然需求，具有重要的时代价值，有助于构建基于地域文化的地方高校劳动教育文化资本，推动地方高校劳动教育的特色化建设与生态化发展[⑥]。结合各学科对地域文化的理解，从历史学的观点来看，地域文化指的是在某一个地域范围内发端、流行并长期积淀后逐渐形成的文化体系，是地域特色的集中体现[⑦]，其中包括生存条件、人文风俗、民族特点及地理环境等。从人类学意义上看，地域文化指的是在一定

①　刘媛媛. 地域文化与高校劳动教育的价值契合与实践路径 [J]. 中国高等教育，2022（10）：53-55.
②　李琳. 地域文化融入地方高校教学的实践与探索——以湘西三所地方高校为例 [J]. 教育研究与实验，2013（5）：75-78.
③　朱振林. 大学如何在地域文化传承创新中发挥作用 [J]. 黑龙江高教研究，2014（1）：13-14.
④　李迺涛. 大连近代历史遗址、遗迹和遗存介绍 [J]. 东方藏品，2018（9）：215-216.
⑤　刘宇. 论中华文化中地域多样性的基本特征 [J]. 江汉论坛，2009（9）：119-124.
⑥　刘莉萍. 基于地域文化的地方高等教育文化资本构建研究 [J]. 教育理论与实践，2016（15）：3-5.
⑦　刘媛媛. 地域文化与高校劳动教育的价值契合与实践路径 [J]. 中国高等教育，2022（10）：53-55.

空间范围内特定人群的行为和思维模式的总和①。有学者认为，优秀的地域文化资源作为一个地区文化积淀中的精华，应包括值得宣扬的地域传统文化、革命文化以及社会主义先进文化②。从劳动教育的视角来看，地域文化则指的是身处某一地域范围内的一代代劳动者不断累积出来的关于人类生存和发展的智慧结晶，其伴随时代进步而应具有新的时代意义。

首先，高校劳动教育与地域文化相融合是高校落实立德树人这一根本任务的必然要求。"立德树人"强调了"德"的中心地位，为使大学生的"德"能够真正树立，劳动教育在其中需要发挥关键性作用。这也进一步要求地方高校在开展劳动育人过程中应高度重视地域文化对大学生劳动情怀的培育和劳动精神的塑造，深入挖掘地域文化对大学生全面发展的教育价值③，全面理顺地域文化与青年成长的关系④，积极促进大学生良好德行的养成。从宏观层面来看，劳动教育与地域文化的育人目标基本一致，在育人的内容、载体和功能等方面可以形成互通状态，努力对二者进行融合将有助于地方高校建设具有地域文化特色的劳动教育体系。

其次，高校劳动教育与地域文化相融合是地域文化传承与发展的必由之路。

地域文化是帮助当代大学生认识和了解所在城市的历史、传统和文明的有效途径，有助于加深大学生对整座城市的热爱程度，提升其未来继续留在该座城市工作和生活的意愿。然而，地域文化的长期流行需要具备一定的环境土壤，高校劳动教育正是传承并助推地域文化鲜活发展的最佳对象，在其中发挥着关键性作用。地方高校肩负着传承、弘扬地域文化的重要使命，既要充分利用地域文化中的优秀元素开展生动的劳动教育，也要做到在劳动育人过程中不断加强地域文化的推广。

再次，高校劳动教育与地域文化相融合是提升劳动教育实效性的必然选择。

高校劳动教育的开展通常发生在所在地域范围内，地域文化的主要特征涵盖真实性和亲切性，高校在开展劳动育人过程中融合地域文化资源，既使得劳动教育具有了实质性的内容，摆脱了传统劳动理论教学的束缚，提升了可操作性，同时也能够让大学生充分感受到地域文化所带来的劳动乐趣，增强劳动育人的吸引

① 张凤琦. "地域文化"概念及其研究路径探析 [J]. 浙江社会科学，2008 (4)：63-66+50+127.
② 刘有升. 高校"大思政课"用好优秀地域文化资源的关键点 [J]. 马克思主义理论学科研究，2023 (10)：111-120.
③ 陈婷. 论地域文化的教育价值 [J]. 西北师大学报（社会科学版），2013 (6)：81-85.
④ 张波，陈亮. 地域文化与青年成长 [J]. 当代青年研究，2009 (4)：15-21.

力、感染力及说服力，提升青年学生的文化认同①。高校劳动教育与地域文化的融合应坚持"引进来"和"走出去"相结合的原则，将优秀的地域文化元素引入校园，如反映当地历史事件、人物、遗迹等方面的历史元素，反映当地宗教信仰、道德观念、社会心理等方面的精神元素，反映当地气候、地形、水系等方面的生态元素，反映当地建筑、服饰、饮食等方面的物质元素等；同时通过输出高校的智囊力量，与社会共同构筑劳动教育实践基地，鼓励大学生参加社会实践活动，以田野调查、志愿服务等多元化的形式亲身接触地域文化载体，切实深化劳动育人的重要意义。

最后，高校劳动教育与地域文化相融合是促进多元文化共同发展的必然趋势。这里的多元文化主要包括校园文化、地域文化和劳动文化。一方面，相关研究提出校园文化与地域文化耦合的三条实现路径，即"相融-共生""汲取-内化""辐射-引领"②。对于大多数地方高校而言，要想形成独具特色的校园文化，上述三条实现路径可以给予一定启发，应当以地域文化为根基，将地域文化融入到高校的应用型特色办学理念中，通过地域文化的基本元素和资源环境来丰富地方高校的办学实践和文化建设等；另一方面，高校劳动教育的课程学习内容与实习实践路径的开发和利用应充分发挥地域特色优势，不断主动地进行文化调适，与时俱进③，为劳动教育创新发展注入新鲜活力，以此提供个性保障，进一步形成具有地域特点的劳动文化，从而培养大学生成为引领区域文化发展和服务地方社会的主力军④。

6.4.2　东北财经大学劳动教育融合地域文化的实践路径

东北财经大学充分利用地域文化优势，结合地域文化优秀元素，开展了形式多样的劳动教育活动，初步形成了具有大连地域特点的校园劳动文化，在青年学生群体中受到了广泛好评，切实提升了大学生对各类劳动实践意义的认识，进一步增强了青年学子对大连这座城市的认同感。相关的实证研究结论认为，优秀的地域文化和良好的制度环境⑤，有助于城市留住高校毕业生，在一定程度上还可

①　刘朝晖. 地域文化资源在高校特色发展过程中的价值与应用［J］. 黑龙江高教研究，2014（3）：93-95.
②　徐成钢. 大学文化与地域文化的耦合建构研究［J］. 中国青年研究，2014（7）：102-105.
③　张雪娟. 调适与整合：地方高校传承地域文化的路径选择［J］. 学术交流，2014（6）：220-224.
④　徐张咏. 高校将地域文化融入育人过程的思考［J］. 教育理论与实践，2015（9）：31-32.
⑤　王颖，李慧清. 地域文化、制度环境与发展路径选择——高校学生毕业选择的区域比较［J］. 当代青年研究，2015（1）：101-106.

以显著影响青年创新创业的发展水平①，提升核心竞争力②，促进区域经济良性发展。正所谓"少年强则国家强，青年兴则城市兴"，从长远角度来看，东北财经大学劳动教育与地域文化的有机融合，有利于广大学生自觉将个人成长融入城市发展，实现青年学生与大连这个城市的双向奔赴。下面通过三个方面对东北财经大学劳动教育融合地域文化的实践路径展开介绍。

一是以近代大连城市发展历史和革命英雄事迹为主题开展劳动实践。通过组织相关实践研学活动和革命精神教育活动，让大学生深刻理解时代赋予青年的责任和使命，从精神意义上充分认识到奋斗强国的重要性和紧迫性，帮助其努力实现自身价值。东北财经大学在这一主题思路引领下进行了多项具有代表性的实践活动（详见案例6-8和案例6-9）。除此以外，马克思主义学院还组织学生到旅顺日俄监狱博物馆等红色文化资源基地开展实践研学活动；管理科学与工程学院、现代供应链管理研究院组织学生干部、学生党员及团员代表参观大连城市规划展示中心，帮助学生更加深入地了解大连城市的历史和发展趋势等。

案例6-8：会计学院组织师生赴大连博物馆开展实践研学活动

2023年11月14日，会计学院组织师生60余人赴大连博物馆开展实践研学活动。大连博物馆始建于1999年11月，是以近代大连历史文化为主题的综合陈列，也是大众了解大连城市百年历史的窗口，是"全国科普教育基地""辽宁省爱国主义教育基地""大连市党员思想教育基地"。大连博物馆以1840—1949年近代大连的历史为主线，分为旅大的开发与海防建设、中日甲午战争中的旅大、俄国租借旅大与港口城市的形成、日俄战争与日本殖民统治、多元文化的交流与融合、近代大连人民的反抗斗争和大连解放与人民政权的建立等七单元，生动地展现了近代大连为反侵略与殖民统治进行不屈斗争，由辽东半岛的一个小渔村逐步发展成为我国东北地区重要国际港口城市的历程。实践研学活动结束后，学生们纷纷表示，在未来的学习和工作中会团结一致，全力以赴，勇担时代使命，厚植对党的信赖、对中国特色社会主义的信心、对马克思主义的信仰，争做有理想、敢担当、能吃苦、肯奋斗的新时代好青年，让红色基因、革命薪火代代相传，为新时代推动东北全面振兴贡献自己的力量。

---

① 邢楠，杨雅迪. 地域文化对创新创业的影响［J］. 税务与经济，2020（3）：32-37.
② 张小璇. 论地域文化资源与大学生核心竞争力的培养——以客家文化为例［J］. 中国青年研究，2012（8）：101-104.

案例6-9：数据科学与人工智能学院学生党支部赴烈士陵园开展祭扫活动

2023年4月5日上午，数据科学与人工智能学院35名学生，赴大连市凌水烈士陵园开展祭扫活动。大连市凌水烈士陵园位于磨盘山，始建于1972年，78名抗美援朝烈士长眠于此。雨后道路湿滑，大家手持菊花缓步前进，穿过一段山路，便来到了革命烈士纪念碑前。同学们站在纪念碑前肃立、默哀、献花，表达敬意，并详细了解了其中之一的李庆和烈士的生平事迹。此次活动让同学们受到了一次宝贵的革命精神的教育，更加珍惜先烈们用热血换来的美好生活。同学们纷纷表示，作为青年大学生，应当时刻弘扬爱国主义精神，将革命传统牢记心间，用自身的实际行动去报效祖国。

二是以大连市的非物质文化遗产和中华优秀传统文化为主题开展劳动实践。非物质文化遗产具有鲜明的地域特性，其出现与发展既与当地的传统人文特征联系紧密，又与当地特有的自然环境和自然资源密切结合①。东北财经大学十分注重将大连市的非物质文化遗产传习内容融入劳动育人过程中，让大学生能够系统地学习并了解当地的文化遗产的知识，体验相关的操作和表演等，这样不仅培养了大学生正确的劳动态度与创造力，提高了大学生的审美能力与人文素养，还进一步培养了青年人传承非遗文化的兴趣，继而增强了其民族自豪感和文化自信心（详见案例6-10和案例6-11）。东北财经大学还积极主办反映中华优秀传统文化的沙龙活动，使学生们能够了解每一种传统艺术形式的历史背景与风格特点，亲身体验传统艺术形式的魅力（详见案例6-12）。此外，为弘扬中华优秀传统文化，增进学校MBA教育与传统文化的结合与传承，2023年7月8日至9日，东北财经大学工商管理学院MBA教育中心组织了以"传统文化与中国式管理"为主题的移动课堂。40余名MBA学生来到了移动课堂教学基地——连海书院。连海书院坐落于金州石河东沟旅游区，原址位于金州城内爱民街麦家弄，始建于清光绪初年，为典型清代时期二进四合院。连海书院的山门门楣上的牌匾"洙泗连海"为张本义先生所书，取意儒家学说在这里广为传播。这次移动课堂由古典书院参访和MBA主题论坛两大部分构成，其中主题论坛包括"有限理性、文化分野与中国式管理""书院文化与企业教育""智慧人生——老子《道德经》"三个子论坛。

---

①　董明慧. 地域文化视角下非物质文化遗产的传承与保护［J］. 中州学刊，2013（9）：91-94.

案例 6-10：大连市非遗文化"传习所"落户工商管理学院

2023 年 6 月 10 日，东北财经大学工商管理学院获得了大连市非物质文化遗产保护中心颁发的"大连市非物质文化遗产传习所"牌匾。非遗文化传习内容为"金州武当太乙四形桩内功"（简称"太极桩"）。目前已扩展为本科生、研究生、MBA 的太极文化系列课程（2009 年开始授课）。这种将非遗文化引入高校正式课程的做法系国内首创，为改善学生体质，提高其文化自信进行了有益尝试，深受学生欢迎。

案例 6-11：萨里国际学院参与设立我国首个海岛非遗研究与保护中心

2022 年 7 月 25 日，由东北财经大学萨里国际学院参与设立的大连市海岛非物质文化遗产研究与保护中心在大连市长海县举行揭牌仪式，这也是我国首个在海岛设立的非物质文化遗产中心。长海县拥有"长海号子""民间故事""放海灯"等非物质文化遗产资源，是全国独具特色的海洋文化发展区域。此次大连市海岛非物质文化遗产研究与保护中心落户长海县，对于搭建交流普及平台、促进非遗传承保护、推动科学开发利用都具有重要意义。东北财经大学联合其他成员单位共同开展海岛非遗调查、学术研究、传播普及、开发保护等项工作，为学生们提供了难得的劳动实践机会。

案例 6-12：人文与传播学院举办"新雅集"系列文化沙龙活动之"木刻版画的时光印记"

为深入学习贯彻党的二十大精神，弘扬中华优秀传统文化，2023 年 5 月 31 日下午，"文化悦动大连"千场群众文化活动之"观潮"公益分享课暨东北财经大学新雅集文化沙龙活动在黑石空间举办。"文化悦动大连"千场群众文化活动是由大连市文旅局组织的大型文化惠民活动，作为该活动之一的"观潮"公益课，旨在通过符合新时代大学思政课创新方向和大学生信息接收习惯的方式，传播中华优秀传统文化，凝聚青年力量，其活动宗旨与东北财经大学人文与传播学院"新雅集"系列文化沙龙活动高度契合。木刻版画是发祥于我国的一种艺术形式，具有可复制的特性，在中国文化艺术史上具有独特的艺术价值和地位。在此次活动中，人文与传播学院艺术教研室史泊宁老师在互动环节为同学们演示了木刻版画印制过程中打墨、印刷的步骤，使同学们近距离了解到版画的制作技艺。整场沙龙精彩纷呈，在场师生不仅感受到了蕴含在木刻版画当中的红色基因，也在"学与做"中体验了中华优秀传统文化的独特魅力。

　　三是以大连海洋文化、海洋旅游资源及爱护海洋环境为主题开展劳动实践。东北财经大学深度结合大连市的滨海优势，积极与本土旅游创新企业建立合作关系，努力为学生争取产学融合的劳动实践机会（详见案例6-13）。与此同时，东北财经大学还鼓励学生积极开展海滩垃圾清理的公益活动，让学生们在劳动过程中深刻体会良好的生态环境是最普惠的民生福祉，作为当代青年学子理应成为生态环境的保护者、建设者和受益者。公共管理学院义工站的志愿者们前往黑石礁地质公园的周边海滩组织开展了"行环保之益，展公管新风"的海边垃圾清理公益活动。

案例6-13：东北财经大学联合航海时代开启产学融合之路

　　2022年4月，东北财经大学与大连航海时代旅游发展有限公司举行了线上签约仪式，共同签署旨在服务学生、服务企业、优势互补、资源共享的合作协议，为双方建立长期、紧密的合作关系，进一步拓宽大学生就业创业和实习渠道，提高大学生实践能力和就业创业质量，为企业培养更多创新能力强、综合素质高的人才奠定良好基础。"航海时代文旅城"项目以大连市金石滩得天独厚的自然资源为依托，以宣扬海洋文化、海洋文明、海洋强国为精神内核，以海洋探索、极地探索为内容，建设集旅游、度假、研学、娱乐等为一体的全年龄、全体验、全互动、一站式完全创新综合体。目前该项目处于建设阶段，未来几年需要一大批各专业优秀高校毕业生充实到项目建设和运营发展中。此次相互合作，共同打造优质培训课程体系，探索新型教学模式，既顺应了时代和行业的发展方向，同时也符合东北财经大学人才培养和学生职业发展的现实需要。

　　由此可见，在新时代高校劳动教育的创新发展路径探索中，将劳动教育与地域文化相融合是地方高校劳动育人的有效途径。东北财经大学在劳动教育探索过程中，通过不断围绕近代大连城市发展历史和革命英雄事迹、大连市的非物质文化遗产和中华优秀传统文化、大连丰富的海洋旅游资源和爱护海洋环境公益活动等一系列反映大连地域文化的代表性内容，形成了特色鲜明的"劳动教育＋地域文化"的实践经验，并将两者有机融合，充分发挥协同育人的合力，最终引导莘莘学子坚定文化自信，在劳动中践行报国之心。

参考文献

［1］艾兴，李佳．新中国中小学劳动教育课程设置：演变、特征与趋势［J］．教育科学研究，2020（1）：18-24．

［2］安洪溪，张凤莲．教育与生产劳动相结合的几个问题［J］．清华大学教育研究，1994（1）：28-31．

［3］班建武．劳动与劳动教育的关系辨析及其实践意义［J］．广西师范大学学报（哲学社会科学版），2021（2）：51-60．

［4］常卫国．"尊重劳动"为"四个尊重"之首——坚持弘扬马克思主义劳动价值观［J］．人民论坛，2012（33）：78．

［5］陈静，黄忠敬．从"体力教育"到"能力教育"——我国劳动教育政策的发展与变迁［J］．中国德育，2015（16）：33-38．

［6］陈静媛．我国体面劳动的现状及完善措施［J］．青海社会科学，2010（5）：182-186．

［7］陈思杭．教育促进共同富裕：逻辑转向、范式创新与路径选择［J］．教育理论与实践，2023（25）：9-15．

［8］陈婷．论地域文化的教育价值［J］．西北师大学报（社会科学版），2013（6）：81-85．

［9］陈永春．构建新时代高校劳动教育体系［J］．中国高等教育，2022（9）：27-28．

［10］程从柱．劳动教育何以促进人的自由全面发展——基于马克思主义劳动观和人的发展观的考察［J］．南京师大学报（社会科学版），2020（3）：16-26．

［11］党印，刘丽红，张诺．教育与生产劳动相结合：理论溯源、历史演进与现实方向［J］．中国劳动关系学院学报，2022（2）：8-18．

［12］董明慧．地域文化视角下非物质文化遗产的传承与保护［J］．中州学

刊，2013（9）：91-94．

[13] 宫长瑞，卜凡钦．中国共产党劳动教育的百年历程和经验 [J]．教育学术月刊，2021（12）：87-94．

[14] 郝建国．论贯彻"四个尊重"的重大方针 [J]．党建研究，2003（4）：27-29．

[15] 郝志军．学科课程渗透劳动教育：理据与路径 [J]．中国教育学刊，2021（5）：75-79．

[16] 郝志军，王艺蓉．70年来我国中小学劳动教育政策的反思与改进建议 [J]．西北师大学报（社会科学版），2020（3）：124-130．

[17] 黄红发．中国特色社会主义建设主体活力的激发机制——以"四个尊重"为分析视角 [J]．社会主义研究，2012（1）：43-46．

[18] 黄中平．正确认识和把握"四个尊重"的方针 [J]．求是，2005（4）：29-31．

[19] 孔云峰．论"四个尊重"的价值意蕴及实现 [J]．兵团党校学报，2005（5）：16-19．

[20] 李桂花，张媛媛．江泽民科技人才思想的丰富内涵 [J]．学术论坛，2011（9）：33-36

[21] 李国士．遵义师范学院校史中若干史实的考证 [J]．遵义师范学院学报，2008（5）：5-10．

[22] 李欢．新中国成立初期学校劳动教育的实践探索与经验启示 [J]．兰州学刊，2022（4）：36-46．

[23] 李珂，曲霞．1949年以来劳动教育在党的教育方针中的历史演变与省思 [J]．教育学报，2018（5）：63-72．

[24] 李磊，路丙辉．变与不变：学校劳动教育的发展路向——基于中国式现代化奋进历程的分析 [J]．昆明理工大学学报（社会科学版），2023（4）：119-125．

[25] 李琳．地域文化融入地方高校教学的实践与探索——以湘西三所地方高校为例 [J]．教育研究与实验，2013（5）：75-78．

[26] 李庆刚．正确处理人民内部矛盾探索中的制度创新——论刘少奇"两种教育制度、两种劳动制度"思想的形成 [J]．北京党史，2017（3）：5-10．

［27］李逎涛.大连近代历史遗址、遗迹和遗存介绍［J］.东方藏品，2018（9）：215-216.

［28］李拓.习近平新时代中国特色社会主义思想对科学社会主义理论的原创性贡献［J］.科学社会主义，2022（3）：21-28.

［29］厉以贤.教育与生产劳动相结合的理论及其发展［J］.江苏高教，1995（1）：7-12.

［30］刘超.创建"新教育"的战略与策略——共和国初期高等教育变革的历史进路［J］.清华大学教育研究，2019（6）：55-63.

［31］刘朝晖.地域文化资源在高校特色发展过程中的价值与应用［J］.黑龙江高教研究，2014（3）：93-95.

［32］刘洪银.新时代高校劳动育人生态系统建构理路及治理对策［J］.黑龙江高教研究，2023（1）：22-27.

［33］刘莉萍.基于地域文化的地方高等教育文化资本构建研究［J］.教育理论与实践，2016（15）：3-5.

［34］刘全明，时赟，刘子刚.加强大学生的劳动教育培养跨世纪的合格劳动者［J］.河北农业大学学报（农林教育版），1999（2）：35-36.

［35］刘向兵，党印.高校劳动教育实施推进的多元与统一——基于80所高校劳动教育实施方案的文本分析［J］.中国高教研究，2022（5）：54-59.

［36］刘向兵，赵明霏.构建新时代高校劳动教育体系的理论逻辑与实践路径——基于知识整体理论的视角［J］.中国高教研究，2020（8）：62-66.

［37］刘有升.高校"大思政课"用好优秀地域文化资源的关键点［J］.马克思主义理论学科研究，2023（10）：111-120.

［38］刘宇.论中华文化中地域文化多样性的基本特征［J］.江汉论坛，2009（9）：119-124.

［39］刘媛媛.地域文化与高校劳动教育的价值契合与实践路径［J］.中国高等教育，2022（10）：53-55.

［40］罗建勤.从"教育与生产劳动相结合"到"教育与社会实践相结合"［J］.毛泽东思想研究，2001（3）：103-105.

［41］梅萍.论马克思的生命意义观对生命教育的启示［J］.现代大学教育，2011（1）：1-5+111.

［42］彭泽平，李钰涵. "传统"的初建——新中国成立初期中小学体育课程改革的历史考察［J］. 成都体育学院学报，2020（5）：82-88+95.

［43］祁占勇. 新中国成立70年来我国劳动教育政策的价值选择及其变迁［J］. 国家教育行政学院学报，2019（6）：18-26.

［44］钱俊瑞. 当前教育建设的方针［J］. 苏南教育通讯，1950（8）：3-7.

［45］邵舜琴. 人民公社办学好，教育花朵遍地开——介绍教育与生产劳动相结合展览会综合馆"农业社-人民公社办学"部分［J］. 江苏教育，1958（22）：22-24.

［46］邵晓枫，廖其发. 中国共产党百年教育方针的重大论争［J］. 西南大学学报（社会科学版），2022（5）：120-131.

［47］孙兰英. 论邓小平教育思想的核心［J］. 学校党建与思想教育，2015（15）：12-14.

［48］檀传宝. 劳动教育的概念理解——如何认识劳动教育概念的基本内涵与基本特征［J］. 中国教育学刊，2019（2）：82-84.

［49］佟晓丽，任金玉. 新时代高校劳动教育课程建设的思考［J］. 辽宁工业大学学报（社会科学版），2022（1）：93-96.

［50］王定华. 试论新时代劳动教育的意蕴与方略［J］. 课程·教材·教法，2020（5）：4-10.

［51］王飞. 新中国"十七年"劳动教育的成就与启示［J］. 北京教育学院学报，2020（1）：1-7.

［52］王明钦，刘英钦. 新中国成立后中国共产党劳动教育思想的脉络梳理与体系建构［J］. 河南大学学报（社会科学版），2021（5）：136-143.

［53］王文丽. 试论教学范式及其变革研究［J］. 东北师大学报（哲学社会科学版），2017（1）：179-183.

［54］王扬宗. 中国科学技术事业的历史性转变——回望1978年全国科学大会［J］. 中国科学院院刊，2018（4）：351-361.

［55］王颖，李慧清. 地域文化、制度环境与发展路径选择——高校学生毕业选择的区域比较［J］. 当代青年研究，2015（1）：101-106.

［56］位涛，刘铁芳. 劳动意涵的历史演变与劳动教育的当代实践［J］. 国家教育行政学院学报，2022（3）：77-86+95.

［57］吴晶，胡浩．习近平在全国教育大会上强调 坚持中国特色社会主义教育发展道路培养德智体美劳全面发展的社会主义建设者和接班人［J］．人民教育，2018（18）：6-9．

［58］向华萍，陈业宏．我国教育法劳动教育方针：嬗变、障碍与进路［J］．渭南师范学院学报，2023（4）：37-47．

［59］萧宗六．怎样理解"教育与生产劳动相结合"［J］．教育研究，1999（6）：52-56．

［60］邢楠，杨雅迪．地域文化对创新创业的影响［J］．税务与经济，2020（3）：32-37．

［61］徐长发．新时代劳动教育再发展的逻辑［J］．教育研究，2018（11）：12-17．

［62］徐成钢．大学文化与地域文化的耦合建构研究［J］．中国青年研究，2014（7）：102-105．

［63］徐张咏．高校将地域文化融入育人过程的思考［J］．教育理论与实践，2015（9）：31-32．

［64］许皓，王立兵．《高等教育法》的修改：回顾、反思与完善［J］．黄冈师范学院学报，2021（3）：1-6．

［65］杨德广．习近平总书记关于教育的重要论述对毛泽东和邓小平教育思想的传承和发展［J］．重庆高教研究，2020（5）：5-17．

［66］杨慷慨．中国共产党发展职业教育的百年考察与未来展望［J］．教育与职业，2021（16）：5-12．

［67］杨哲，高晶，吴燕．我国劳动教育的政策变迁与历史嬗变——基于党的教育方针视角［J］．安徽工业大学学报（社会科学版），2021（4）：6-8+16．

［68］余家鹏．遵义师范学院大学生劳动教育实践与探索［J］．遵义师范学院学报，2009（4）：68-70．

［69］袁振东．1978年全国科学大会：中国当代科技史上的里程碑［J］．科学文化评论，2008（2）：37-52．

［70］曾令斌，彭泽平．新时代劳动教育的理论内涵、创新意蕴与实践要义［J］．学校党建与思想教育，2023（13）：56-60．

［71］张波，陈亮．地域文化与青年成长［J］．当代青年研究，2009（4）：

15-21.

[72] 张凤琦."地域文化"概念及其研究路径探析 [J]. 浙江社会科学,2008（4）：63-66+50+127.

[73] 张海波. 习近平美育重要论述的三重意蕴 [J]. 西北师大学报（社会科学版），2023（5）：62-69.

[74] 张健. 学习苏联经验的成绩不是主要的吗？[J]. 人民教育，1957（7）：18-24.

[75] 张天槎. 蔡元培五育并举思想及现实意义 [J]. 绍兴文理学院学报（哲学社会科学版），1997（2）：1-5.

[76] 张小琏. 论地域文化资源与大学生核心竞争力的培养——以客家文化为例 [J]. 中国青年研究，2012（8）：101-104.

[77] 张雪娟. 调适与整合：地方高校传承地域文化的路径选择 [J]. 学术交流，2014（6）：220-224.

[78] 张妍，曲铁华. 劳动教育政策70年：演进、嬗变特点与实践路径 [J]. 教育学术月刊，2020（9）：42-49.

[79] 张雨强，张书宁. 新中国成立70年劳动教育的历史演变——基于教育政策学的视角 [J]. 中国教育学刊，2019（10）：61-67.

[80] 赵林，马承伦，李道强."四个尊重"的核心和本质 [J]. 思想政治工作研究，2003（6）：46.

[81] 赵玉靖，李明，张国林，等. 河北农业大学园艺学科十年建设成就回顾与展望 [J]. 河北农业大学学报（农林教育版），2012（5）：68-71.

[82] 赵永嵩. 邓小平"教育与生产劳动相结合"思想的伟大意义——邓小平论"教育与生产劳动相结合"学术研讨会综述 [J]. 教育研究，1994（11）：21-23.

[83] 赵作斌. 素质教育——中国教育的时代标帜 [J]. 中国高等教育，2021（5）：33-35.

[84] 政务院. 关于改进中等专业教育的决定 [J]. 人民教育，1954（11）：65-66.

[85] 政务院. 关于改善各级学校学生健康状况的决定 [J]. 新华月报，1951（1-6）：1149-1150.

［86］郑夏妍．高校"互联网+劳动教育"实践模式探究［J］．福建轻纺，2022（8）：40-43+51．

［87］朱振林．大学如何在地域文化传承创新中发挥作用［J］．黑龙江高教研究，2014（1）：13-14．

［88］卓晴君．邓小平教育与生产劳动相结合思想的伟大意义及其时代特征［J］．教育研究，1995（2）：8-14．

［89］卓晴君．我国中小学劳动教育发展历程概述（下）——改革开放后的历史时期［J］．基础教育课程，2020（19）：17-28．

［90］程天权．科学发展观研究［M］．北京：中国人民大学出版社，2009．

［91］方晓东，李玉非，毕诚，等．中华人民共和国教育史纲［M］．海口：海南出版社，2002．

［92］高平叔．蔡元培全集：第二卷［M］．北京：中华书局，1984．

［93］顾明远．中国教育大系：马克思主义与中国教育（下）［M］．武汉：湖北教育出版社，1994．

［94］何东昌．中华人民共和国重要教育文献（1949—1975）［M］．海口：海南出版社，1998．

［95］何东昌．中华人民共和国重要教育文献（1976—1990）［M］．海口：海南出版社，1998．

［96］何东昌．中华人民共和国重要教育文献（1991—1997）［M］．海口：海南出版社，1998．

［97］何东昌．中华人民共和国重要教育文献（1998—2002）［M］．海口：海南出版社，2003．

［98］江泽民．江泽民文选：第三卷［M］．北京：人民出版社，2006．

［99］教育部社会科学司．普通高校思想政治理论课文献选编（1949—2008）［M］．北京：中国人民大学出版社，2008．

［100］金铁宽．中华人民共和国教育大事记：第1卷［M］．济南：山东教育出版社，1995．

［101］刘世峰．中国教劳结合研究［M］．北京：教育科学出版社，1996．

［102］毛泽东．毛泽东选集：第3卷［M］．北京：人民出版社，1991．

［103］毛泽东．毛泽东选集：第4卷［M］．北京：人民出版社，1991．

［104］毛泽东. 毛泽东文集：第6卷［M］. 北京：人民出版社，1999.

［105］人民教育出版社课程教材研究所. 基础教育教材建设文献资料选编·课程计划卷（1949—2019）［M］. 北京：人民教育出版社，2020.

［106］陶行知，等. 生活教育文选［M］. 成都：四川教育出版社，1988.

［107］王卫国. 建国以来教育同生产劳动相结合法规文献汇编［M］. 北京：教育科学出版社，1995.

［108］熊贤君. 湖北教育史（下）［M］. 武汉：湖北教育出版社，2003.

［109］曾天山，顾建军. 劳动教育论［M］. 北京：教育科学出版社，2020.

［110］张彬，等. 浙江教育发展史［M］. 杭州：杭州出版社，2008.

［111］中共中央党史和文献研究院. 马克思恩格斯全集［M］. 北京：人民出版社，2022.

［112］马克思，恩格斯. 马克思恩格斯选集：第1卷［M］. 中共中央马克思恩格斯列宁斯大林著作编译局，译. 北京：人民出版社，1995.

［113］马克思，恩格斯. 马克思恩格斯文集：第1卷［M］. 中共中央马克思恩格斯列宁斯大林著作编译局，译. 北京：人民出版社，2009.

［114］马克思，恩格斯. 马克思恩格斯选集：第1卷［M］. 中共中央马克思恩格斯列宁斯大林著作编译局，译. 北京：人民出版社，2012.

［115］马克思，恩格斯. 马克思恩格斯全集：第23卷［M］. 中共中央马克思恩格斯列宁斯大林著作编译局，译. 北京：人民出版社，1972.

［116］马克思，恩格斯. 资本论：第1卷［M］. 中共中央马克思恩格斯列宁斯大林著作编译局，译. 北京：人民出版社，2004.

［117］马克思，恩格斯. 自然辩证法［M］. 中共中央马克思恩格斯列宁斯大林著作编译局，译. 北京：人民出版社，2015.

［118］中共中央文献研究室. 邓小平同志论教育［M］. 北京：人民出版社，1990.

［119］邓小平. 邓小平文选（1975—1982）［M］. 2版. 北京：人民出版社，1983.

［120］邓小平. 邓小平文选：第2卷［M］. 北京：人民出版社，1994.

［121］邓小平. 邓小平文选：第3卷［M］. 北京：人民出版社，1993.

［122］中共中央文献研究室. 建国以来重要文献选编：第一册［M］. 北京：

中央文献出版社，2011．

［123］中共中央文献研究室．建国以来重要文献选编：第十六册［M］．北京：中央文献出版社，1997．

［124］中国教育年鉴编辑部．中国教育年鉴（1949—1981）［M］．北京：中国大百科全书出版社，1984．

［125］中央教育科学研究所．中华人民共和国教育大事记（1949—1982）［M］．北京：教育科学出版社，1983．

［126］中央宣传部，中央党史和文献研究院，中国外文局．习近平谈治国理政：第三卷［M］．北京：外文出版社，2020：328．

［127］周全华．"文化大革命"中的"教育革命"［M］．广州：广东教育出版社，1999．

［128］安阳十七万师生支援三秋［N］．中国青年报，1960-10-06（3）．

［129］本报评论员．激发亿万人民的劳动热情——三论学习贯彻习近平4月28日重要讲话［N］．人民日报，2013-05-06（1）．

［130］各地加强中小学劳动教育经验摘登［N］．中国教育报，2015-08-06（2）．

［131］江苏一百多万中小学生暑期参加扫盲活动［N］．中国青年报，1956-07-15（1）．

［132］毛泽东．关于正确处理人民内部矛盾的问题［N］．人民日报，1957-06-19．

［133］全国高等学校中等专业学校学生在全国各地进行生产实习［N］．光明日报，1955-07-15（1）．

［134］习近平．坚持中国特色社会主义教育发展道路 培养德智体美劳全面发展的社会主义建设者和接班人［N］．人民日报，2018-09-11（1）．

［135］习近平．强化实践育人，坚持教育同生产劳动和社会实践相结合［N］．人民日报，2021-08-30（9）．

［136］习近平．青年要自觉践行社会主义核心价值观［N］．人民日报，2014-05-05（2）．

［137］习近平．在庆祝"五一"国际劳动节暨表彰全国劳动模范和先进工作者大会上的讲话［N］．人民日报，2015-04-29（2）．

［138］习近平．在全国劳动模范和先进工作者表彰大会上的讲话［N］．人民日报，2020-11-25（2）.

［139］习近平．在同全国劳动模范代表座谈时的讲话［N］．人民日报，2013-04-29（2）.

［140］新华社．习近平在乌鲁木齐接见劳动模范和先进工作者、先进人物代表向全国广大劳动者致以"五一"节问候［N］．人民日报，2014-05-01（1）.

［141］杨凯．实干让"中国梦"更美丽［N］．人民日报海外版，2012-11-30（1）.

［142］曾天山．我国劳动教育的前世今生［N］．人民政协报，2019-05-08.

［143］李庆刚．"大跃进"时期"教育革命研究"［D］．北京：中共中央党校，2002.

［144］易春秋．建国十七年中学思想政治教育研究［D］．北京：中共中央党校，2005.

索引

马克思主义劳动观—1，5，24，44，58，64，68，70，82，83，86

教劳结合—24，28，29，38，65，76，77

体力劳动—1，9-12，14，15，17，19，22，23，26，27，29，30，42，45，47，48，53

脑力劳动—14-17，19，23，24，26，27，30，42，45-48，53

五育并举—38，39，76，78，91，100

"四个尊重"—43-45，48

劳动价值观—51，57-59，62，63，65，72，74，78-80，85

高校劳动教育发展—71，76-79，101

课程体系—5，14，20，22，53，65，76，79，80，86，93，100，107

实践基地—14，71，74，76，80，81，85，91-100，103

地域文化—76，100-104，107

后记

　　中华人民共和国成立以来各段典型时期的劳动教育发展中，既有高潮，也有低谷，但从总体上看，劳动教育为国家经济社会的繁荣稳定发挥了巨大作用，无数劳动人民的奋斗精神更加值得赞颂。同时，我国劳动教育在发展过程中所遇到的种种阻碍也需要在中国特色社会主义新时代之下逐一破除。为此，我们积极撰写了此书，在系统梳理了1949—1956年（新民主主义向社会主义过渡时期）、1957—1977年（社会主义建设探索时期）、1978—1999年（改革开放时期）、2000—2011年（全面建设小康社会时期）及2012年至今（中国特色社会主义新时代）劳动教育的发展脉络后，发现其优势，找出其不足，并结合东北财经大学近年来的劳动教育探索工作，为新时代我国高校劳动教育发展的创新路径建言献策。

　　本书的完成绝非一日之功、一人之力。在撰写过程中，我们团队成员频繁出入各级图书馆，获取了丰富的文献资料，为本书提供了专业性的理论指导，在此感谢薛敏、庞思琪、曾慧艳3位同志，她们为本书的写作付出了极大的心血和努力。东北财经大学劳动教育课程组中的刘艳茹、方丽玲、邓力铭、李建中、张静5位老师也为本书的撰写提供了思路启发。我们的课程团队专业能力突出、团结一心，为学校劳动教育的发展作出了自身贡献。感谢东北财经大学公共管理学院领导们对劳动教育课程组的支持与鼓励，感谢东北财经大学教务处对2022年度校级教学改革研究项目"劳动教育体系与劳动实践基地建设"进行立项资助，让本书中的高校劳动教育发展创新路径有了一定的案例基础。

　　总而言之，《劳动教育发展与时代创新研究》一书的内容既不脱离学术研究的范围，同时也保证了适应多样化读者群体的可读性。本书在撰写过程中难免存在不足与漏洞，欢迎读者在阅读过程中提出宝贵建议，以便后续修改。

王晓磊

2023年11月6日于东北财经大学问源阁